# VIDA

# PAPA FRANCISCO
## com Fabio Marchese Ragona

# VIDA

## A minha história através da História

Tradução
Milena Vargas

Rio de Janeiro, 2024

Copyright © 2024 HarperCollins Italia S.p.A., Milano

© 2024 Fabio Marchese Ragona

Publicado primeiramente em 2024 na Itália sob o título: *Life. La mia storia nella Storia*.

Papa Francesco com Fabio Marchese Ragona

Todos os direitos reservados.

Publicado mediante acordo com Delia Agenzia Letteraria.

Todos os direitos desta publicação são reservados à Casa dos Livros Editora LTDA. Nenhuma parte desta obra pode ser apropriada e estocada em sistema de banco de dados ou processo similar, em qualquer forma ou meio, seja eletrônico, de fotocópia, gravação etc., sem a permissão dos detentores do copyright.

*Publisher:* Samuel Coto

*Editora-executiva:* Alice Mello

*Editora:* Paula Carvalho

*Assistente editorial:* Lui Navarro

*Estagiária editorial:* Lívia Senatori

*Copidesque:* Dandara Morena

*Revisão:* Jacob Paes e Juliana da Costa

*Capa:* Adaptada do projeto original de Marcello Dolcini

*Projeto gráfico:* Adaptado do projeto original de Netphilo Publishing, Milano

*Diagramação:* Equatorium Design

*Foto do autor:* © Vatican Media

DADOS INTERNACIONAIS DE CATALOGAÇÃO NA PUBLICAÇÃO (CIP)(
CÂMARA BRASILEIRA DO LIVRO, SP, BRASIL)

---

Francisco, Papa
    Vida : a minha história através da história /Papa Francisco ; tradução
Milena Vargas. — Rio de Janeiro : HarperCollins Brasil, 2024.

    Título original: Life
    ISBN 978-65-6005-160-7

    1. Francisco, Papa, 1936- 2. Papas - Biografia. I. Título.

---

24-192603                      CDD-262.13092

---

Índices para catálogo sistemático:
1. Papas : Biografia e obra   262.13092
Cibele Maria Dias - Bibliotecária - CRB-8/9427

Os pontos de vista desta obra são de responsabilidade de seu autor, não refletindo necessariamente a posição da HarperCollins Brasil, da HarperCollins Publishers ou de sua equipe editorial.

Rua da Quitanda, 86, sala 601A – Centro

Rio de Janeiro, RJ – CEP 20091-005

Tel.: (21) 3175-1030

www.harpercollins.com.br

# SUMÁRIO

Introdução ........................................................7

I. O início da Segunda Guerra Mundial .........................11

II. O extermínio dos judeus.................................... 29

III. As bombas atômicas e o fim da guerra .......................47

IV. A Guerra Fria e o macarthismo .............................65

V. O pouso na Lua............................................ 89

VI. O golpe de Videla na Argentina...........................105

VII. A mão de Deus............................................ 125

VIII. A queda do Muro de Berlim ...............................143

IX. O nascimento da União Europeia...........................161

X. Os ataques terroristas do 11 de Setembro ................. 185

XI. A grande recessão econômica.............................. 205

XII. A renúncia de Bento XVI .................................227

XIII. A pandemia de covid-19...................................255

XIV. Uma história que ainda deve ser escrita..................279

Sobre os autores ...........................................301

Referência das citações ................................... 302

# INTRODUÇÃO

*Aprendamos com a História, sobretudo pelas páginas sombrias da História, a não cometer os mesmos erros do passado. Nos últimos tempos, Papa Francisco repetiu muitas vezes esse convite, destacando o alto valor da memória na vida de cada ser humano, a ponto de ser sua moldura mais preciosa. Devemos aprender a História a partir do estudo dos livros, é claro, mas também escutando-a ser narrada pela voz das pessoas que viveram momentos inesquecíveis, bons ou ruins, pela voz de quem viveu uma longa vida, de quem encontrou o Senhor em muitos eventos da própria existência e pode testemunhar o que viveu em primeira pessoa.*

*No livro do Êxodo, capítulo 10, versículo 2, Deus convida Moisés a realizar atos prodigiosos diante do faraó: "Para que possas* contar e fixar na memória". O objetivo é decerto surpreender e convencer o rei do Egito, mas também cultivar a memória de seu povo, transmitindo seu conhecimento de Deus, que o crente compartilha ao narrar a própria vida.

Assim, quem narra uma história também presta um serviço a quem tem fome de saber, alertando especialmente os mais jovens sobre o que os espera ao longo do caminho. Narrar o que aconteceu possibilita compreender melhor o que acontecerá.

Não por acaso, na mensagem para o Dia Mundial das Comunicações Sociais de 2020, o papa evidenciou que o homem é um ser narrante, que, "desde pequenos, temos fome de histórias tanto quanto temos fome de comida. Sejam elas em forma de fábulas, romances, filmes, músicas ou notícias... as histórias influenciam a nossa vida, mesmo sem termos consciência disso".

O livro que está em suas mãos nasce com a intenção de narrar a História por meio de uma história, os fatos mais importantes do século XX e das primeiras décadas do século XXI pela voz de uma testemunha especial, o Papa Francisco, que com grande generosidade se disponibilizou a percorrer a própria vida através dos acontecimentos que marcaram a humanidade.

Vida surgiu de uma série de conversas entre o pontífice, a quem dedico um grande e sincero agradecimento pela confiança que mais uma vez depositou em mim, e este que escreve. Colóquios durante os quais Francisco abriu a porta de seu coração e de suas lembranças para trazer fortes mensagens sobre temas fundamentais, como fé, família, pobreza, diálogo inter-religioso, esporte, progresso científico, paz e tantos outros. Do início da Segunda Guerra Mundial — em 1939, quando o futuro pontífice tinha quase 3 anos — até os dias de hoje, Jorge Mario Bergoglio segura pela mão as leitoras e os leitores e os acompanha com suas memórias ao longo de uma viagem extraordinária pelas décadas, percorrendo as etapas mais significativas de nossa época. Onde estava o jovem Jorge em 1969, enquanto o mundo acompanhava a notícia do pouso na Lua? O que fazia o cardeal Bergoglio em 2001, enquanto os Estados Unidos sofriam os ataques terroristas?

Memórias de um pastor que narra os abomináveis anos do extermínio dos judeus pelos nazistas, a bomba atômica sobre Hiroshima e Nagasaki, o golpe de Videla na Argentina, a queda do Muro de Berlim, a grande recessão econômica, a renúncia do Papa Bento XVI. Eventos que se entrelaçam à vida do papa callejero — o "papa da rua" — que, de forma excepcional, reabre seu baú de recordações para narrar, com a franqueza que o distingue, os momentos que mudaram o mundo e sua vida.

A voz do pontífice, com suas lembranças, alterna-se com a de um narrador que reconstrói, a cada capítulo, por meio de algumas nuances daqueles anos, momentos da vida cotidiana do *futuro Papa Francisco para contextualizar suas palavras e descrever o cenário histórico do período.*

*"A nossa vida é o livro mais precioso que nos foi confiado", disse o pontífice durante um ciclo de catequese ocorrido em 2022 e dedicado ao tema do discernimento, "um livro que muitos, infelizmente, não leem, ou o fazem demasiado tarde, antes de morrer. No entanto, é precisamente nesse livro que encontramos aquilo que buscamos inutilmente por outros caminhos. [...] Podemos nos perguntar: já narrei a alguém a minha vida? [...] Trata-se de uma das formas de comunicação mais bonitas e íntimas, narrar a própria vida. Ela nos permite descobrir coisas até então desconhecidas, pequenas e simples, mas, como diz o Evangelho, é das pequenas coisas que nascem as grandes".*

*Assim, folheando novamente as páginas deste livro precioso que é a vida, Papa Francisco nos conduz por um caminho feito de emoções, alegrias e dores, uma janela para o passado que nos permitirá conhecer melhor o nosso presente. Até o último capítulo, com toda uma história ainda a ser escrita.*

Fabio Marchese Ragona

# I

# O INÍCIO DA SEGUNDA GUERRA MUNDIAL

Como todas as manhãs, a rádio transmite o boletim com as últimas notícias. Mario Bergoglio tem o hábito de ouvi-las antes de ir para o trabalho, enquanto prepara o café na pequena cozinha. O chão ainda está um pouco úmido; sua esposa, Regina, já passou o pano, aproveitando um instante de tranquilidade. O perfume e o sabor da bebida escura e fumegante fazem Mario recordar a Itália e sua infância em Portacomaro, perto de Asti, um pouco como ocorria a Marcel Proust em Para o lado de Swann, quando, molhando a madeleine no chá, se lembrava dos dias da infância com a tia Léonie. Contudo, aquela lembrança nostálgica e tão íntima de Mario é perturbada pelo choro do pequeno Oscar, seu segundo filho, que não dá trégua à vizinhança.

*No programa de notícias das 7 horas, ao fundo, ouve-se principalmente a respeito de política: o presidente Roberto Ortiz deu uma nova declaração sobre a comissão especial para a averiguação de atividades antiargentinas, que seria instituída nos próximos anos com o objetivo de desnazificar o país. Enquanto isso, preveem-se para aquele dia outras agitações do movimento operário, organizado na Confederação Geral do Trabalho. Naquele mês de setembro de 1939, os sentimentos vividos nas principais cidades argentinas são contrastantes: o Terceiro Reich conseguiu se infiltrar em alguns ramos da sociedade, e, às vezes, em algumas rádios até brotam mensagens exaltando a grandeza da Alemanha de Adolf Hitler.*

*Depois de beber o café depressa, antes de sair daquela casinha colorida, seu ninho familiar construído no número 531 da calle Membrillar, no bairro de Flores, Mario dá um beijo na esposa, Regina, que acalenta o filho pequeno, de 1 ano e 8 meses. O outro filho do jovem casal, Jorge, tem quase 3 anos e está pronto para sair: em alguns minutos vó Rosa, mãe de Mario, que mora a poucos metros dali, vai chegar para levá-lo até sua casa, onde o menino passará o dia. Uma tradição que se repete quase todos os dias: uma forma de oferecer ajuda e suporte à nora, ocupada com as mil tarefas domésticas e, acima de tudo, com os cuidados com Oscar.*

Depois de dar um beijo nos filhos, Mario já está de saída, mas, junto à esposa, em um raro momento de silêncio, surpreende-se com uma notícia da rádio, anunciada entre as atualizações do noticiário estrangeiro: o primeiro-ministro britânico, Neville Chamberlain, declara que sua nação está em guerra contra a Alemanha nazista; seu ultimato, apresentado poucas horas antes e feito na esteira das invasões e dos bombardeios da Polônia pela Wehrmacht, ficou sem resposta.

É o início da Segunda Guerra Mundial. Mas isso, em especial na América do Sul, ainda não foi percebido. Uma notícia como outras na Argentina, difundida quase ao final da transmissão, antes do intervalo musical, mas que inesperadamente chateou aquele casal ítalo-argentino. O primeiro sentimento é de preocupação com os primos e outros parentes que vivem na Europa, enquanto lhes assola a lembrança das terríveis narrativas ouvidas mil vezes sobre a Primeira Guerra Mundial, na qual o pai de Mario, Giovanni, combatera no front. Aqueles instantes de tristeza e preocupação, no entanto, desaparecem segundos depois. Duas batidas vigorosas à porta: vó Rosa chegou, e aquele som repentino silencia até Oscar, enfim, para a alegria de todos. Jorge, ao ver entrar a avó, corre ao seu encontro a fim de aninhar-se em seu colo.

Que grande mulher! Eu a amava tanto. Minha avó paterna foi uma figura fundamental durante meu crescimento e minha formação. Morava a menos de 50 metros da nossa casa, e eu passava o dia todo com ela: ela me deixava brincar, cantava para mim músicas de quando era criança, muitas vezes a ouvi discutir com o meu avô em piemontês, então também tive o privilégio de conhecer e aprender a língua das lembranças deles. Outras vezes, se ela tivesse que sair, eu ia com ela à casa das vizinhas: elas conversavam por muitas e muitas horas e tomavam mate. Ou então minha avó me levava para fazer tarefas na vizinhança e à noite me devolvia meus pais, mas não antes de me obrigar a recitar as orações. Foi ela, de fato, que me mostrou a primeira mensagem cristã, que me ensinou a orar e me falou dessa grande figura que eu ainda não conhecia: Jesus.

Não por acaso, foi minha madrinha de batismo junto com vô Francisco, meu avô materno. Quem celebrou e me deu o primeiro sacramento foi Dom Enrico Pozzoli, um bom missionário salesiano, originário da província de Lodi, na Lombardia, que meu avô Giovanni conheceu em Turim. Foi ele que realizou o casamento dos meus pais — papai e mamãe se conheceram no oratório salesiano da Argentina —, e desde então padre Enrico passou a ser uma figura fundamental para nossa família e para minha vocação sacerdotal.

De volta aos momentos com minha avó, naquela época eu tinha quase 3 anos, era muito pequeno, por isso não é fácil me lembrar daqueles dias de 1939, quando a maldade humana deu início à Segunda Guerra Mundial. Minhas lembranças são como flashes, intercaladas pela rotina de todos os dias: a rádio era um pano de fundo constante em minha casa; meu pai ligava o aparelho já de manhã e escutava com minha mãe a estação estatal, que naquele tempo se chamava Estación de Radiodifusión del Estado (LRA 1); depois, havia a Radio Belgrano, a Radio Rivadavia, e todas tinham boletins diários sobre o conflito. Mamãe também sintonizava o rádio aos sábados à tarde, a partir das 14 horas, para que nós, crianças, escutássemos ópera. Eu me lembro de que, antes de começar, ela nos contava um pouco da trama. Quando havia uma ária particularmente bonita, ou se chegava a um momento de destaque da história, ela tentava chamar nossa atenção; preciso admitir que nos distraíamos muito, éramos muito pequenos! Por exemplo, durante *Otello*, de Giuseppe Verdi, ela dizia:

— Escutem com atenção, ele vai matar Desdêmona na cama!

E nós ficávamos em silêncio, curiosos para ouvir o que ia acontecer.

Retornando à guerra, para nós aquela atmosfera obscura não era tão perceptível, pois estávamos distantes em relação à parte do mundo onde se jogava com o destino da humanidade. Contudo, posso dizer que, diferentemente de muitos outros argentinos, soube da Segunda Guerra Mundial porque, na minha casa, falava-se dela: chegavam da Itália, ainda que com alguns meses de atraso, as cartas *abertas* dos nossos parentes contando o que acontecia. Eram eles que nos davam notícias sobre a guerra na Europa. Utilizo a palavra *abertas* porque a correspondência era fiscalizada pelas autoridades militares: as cartas eram lidas, depois lacradas de novo, e o envelope vinha carimbado com a palavra CENSURA. Lembro que minha mãe, meu pai e minha avó liam em voz alta esses relatos, que decerto me marcaram muito. Em uma das cartas, diziam, por exemplo, que de manhã algumas conhecidas mulheres da região iam até Bricco Marmorito, não muito distante da estação de Portacomaro, para checar se inspeções militares estavam a caminho. Seus maridos não tinham ido para a guerra, ficaram em Bricco, trabalhando — o que, é claro, não era permitido. Assim, se as mulheres vestissem algo vermelho, os homens deveriam fugir e se esconder. Vestes brancas, ao contrário, sinalizavam que não havia patrulhas nos arredores, de forma que os homens poderiam continuar trabalhando.

Esse é só um exemplo, para dar uma ideia de como se vivia naqueles anos! Muita morte! Muita destruição! Muitos jovens enviados ao front para morrer! Ainda que essa guerra tenha ocorrido há mais de 80 anos, é preciso nunca esquecer aqueles momentos que mudaram para sempre a vida de tantas famílias inocentes. A guerra nos consome por dentro, e vemos isso nos olhos das crianças, que perdem a alegria no coração, substituída por medo e lágrimas. Precisamos pensar nesses meninos e nessas meninas! Pensemos naqueles que nunca sentiram o cheiro da paz, que já nasceram em tempo de guerra e viverão com esse trauma, carregando-o no corpo pelo resto da vida. E o que podemos fazer por eles? Deveríamos sempre nos perguntar isso, questionando-nos qual a estrada para a paz, o caminho para assegurar um futuro aos pequenos.

Eu, que na época da Segunda Guerra Mundial já tinha nascido e era uma criança como eles, tive sorte porque essa tragédia não chegou à Argentina da mesma forma como a outros países. Mas houve algumas batalhas navais: uma das poucas coisas de que me lembro, talvez porque meus pais me contaram quando eu estava um pouco maior; foi um episódio ocorrido no dia do meu terceiro aniversário. Era 17 de dezembro de 1939, e falava-se na rádio sobre um navio de guerra alemão, o *Admiral Graf Spee*, que havia sido cercado e gravemente danificado por navios ingleses na região da foz do Rio da Prata. Apesar da ordem de Hitler para continuar o combate, o comandante Lagsdorff decidiu, junto a seus oficiais, afundar o navio e seguir para Buenos Aires com a tripulação em outros barcos. Na prática, ele se entregou. Poucos dias depois o comandante se suicidou, envolvido na bandeira da Marinha alemã usada durante a Primeira Guerra Mundial. Os outros homens foram acolhidos no país e enviados para a província de Córdoba ou de Santa Fé. Conheci o filho de um desses soldados, uma ótima pessoa que depois se casou e criou uma família na Argentina.

Em resumo, conheci assim a tragédia da Segunda Guerra Mundial. Alguns anos depois, quando eu tinha cerca de 10 anos, também a redescobri graças ao cinema: nossos pais nos levavam ao cinema do bairro para ver os filmes do pós-guerra. Eu vi todos. Lembro-me, em particular, de *Roma, cidade aberta*, de Roberto Rossellini, com Anna Magnani e Aldo Fabrizi: uma obra-prima. Mas também de *Paisà* ou *Alemanha, ano zero*, ou ainda *As crianças olham para nós*, de Vittorio De Sica, de 1943. São filmes que formaram nossa consciência e nos ajudaram a entender os efeitos devastadores daquele conflito.

Bem diferente é *A estrada da vida*, de Federico Fellini, o filme que talvez tenha sido o que mais gostei, e que vi quando já estava maior: não fala da guerra, mas quero citá-lo porque, com ele, o diretor soube dar destaque aos mais pobres, como a protagonista Gelsomina, convidando o espectador a preservar seu precioso olhar sobre a realidade.

De volta à loucura da guerra, cujo único plano de desenvolvimento é a destruição, penso na ambição, na fome de poder, na ganância daqueles que desencadeiam conflitos. Por trás, não há apenas uma ideologia, que é uma justificativa falsa; por trás há um impulso distorcido, porque naqueles instantes não se olha mais nos olhos de ninguém: idosos, crianças, mães, pais. Em particular, a Segunda Guerra Mundial foi ainda mais cruel do que a primeira, que meu avô, Giovanni Bergoglio, combateu às margens do Piave. Era ele mesmo, quando eu estava na casa de meus avós, que contava várias histórias muito dolorosas. Muitos mortos, muitas casas destruídas, até as igrejas. Que tragédia! Ele me contou que, com os companheiros de front, cantava:

*O General Cadorna escreveu à rainha:*
*"Se quiseres ver Trieste, mando-te num postal".*
*Boom boom boom*
*ao rugido do canhão...*

A Segunda Guerra Mundial, contudo, foi narrada a mim, quando criança, por muitos imigrantes que chegaram a Buenos Aires depois de fugirem de suas terras invadidas pelos nazistas. Mas falaremos disso em breve.

*Jorge ainda não entende o drama daquele conflito mundial: tem apenas 3 anos. Em sua inocência, não compreende o sofrimento de tantas famílias obrigadas a fugir para se salvar. Mas, passando os dias na casa dos avós e ouvindo as discussões dos dois em piemontês, aos poucos se dá conta de que eles também, ainda que por outros motivos, vieram de um lugar distante: a Itália, onde parte da família continua, enviando de lá, aos primos, notícias da guerra em curso.*

*De fato, no fim da década de 1920, após um período difícil de restrições econômicas, Giovanni, junto à esposa, Rosa, e ao filho, Mario — a primeira trabalhava como costureira e estava envolvida na linha de frente da Ação Católica, o segundo estava na casa* dos 20 anos, tinha um diploma de contabilidade e trabalhava na filial do Banco da Itália em Asti —, decidiu se juntar a três dos seis irmãos emigrantes na Argentina, na província de Entre Ríos. Ali, os Bergoglio tinham feito fortuna graças à sua empresa de pisos na cidade de Paraná. O sonho de uma vida no Novo Mundo, contudo, logo se desfez. Em 1932, por causa da recessão econômica desencadeada pela grande crise de 1929, a empresa foi obrigada a fechar as portas. Giovanni e Rosa, com o jovem filho Mario, que trabalhava como contador na empresa familiar, precisaram se mudar para Buenos Aires em busca de um recomeço. Graças a um pequeno empréstimo de 2.000 pesos, compraram um salão no bairro popular de Flores, onde enfim conseguiram fincar raízes.

O pequeno Jorge pede insistentemente que vó Rosa lhe narre a longa travessia no transatlântico, o Giulio Cesare, que partiu de Gênova e chegou ao porto de Buenos Aires em 15 de fevereiro de 1929, depois de duas semanas de viagem. Com muita paciência, sentada diante da porta de casa, ela descreve sua chegada à capital argentina, vestida de forma incomum para o calor do verão austral: uma capa com gola de pele de raposa, no interior da qual escondera as economias da família.

No entanto, naquele setembro de 1939, surpresa com a notícia do início da Segunda Guerra Mundial, Rosa não consegue deixar de pensar em todos os seus parentes, os Vassallo, que ainda vivem *na região da Ligúria, na Itália. E o mesmo ocorre com Giovanni: de sua loja, tenta de todas as formas entrar em contato com os parentes de Portacomaro enquanto, ao fundo, o locutor da rádio anuncia que a França também declarou guerra contra a Alemanha, confirmando a aliança com o Reino Unido. Embora a Itália ainda seja neutra — apenas em junho de 1940 Benito Mussolini anunciará a entrada na guerra ao lado de Hitler —, a angústia e a preocupação tomam conta deles. Rosa passa o dia cuidando de Jorge, mas fala longamente com as amigas mais próximas de sua vida pregressa na Itália, recordando os parentes e os momentos despreocupados da juventude. A saudade, entre aquelas paredes argentinas, parece ter dominado tudo. E o netinho fica parado, encantado, escutando a avó, por quem nutre grande devoção.*

Vó Rosa e vô Giovanni, junto com meu pai, fizeram milagres! Eu não estaria aqui para contar esta história se seus planos não tivessem sido frustrados pela venda fracassada de um terreno: a partida para a Argentina estava marcada para outubro de 1927, meu avô tinha colocado à venda as terras da família em Bricco, e, com esse dinheiro, os três embarcariam no *Principessa Mafalda*, navio que partiria do porto de Gênova. Era um grande navio a vapor que já havia feito inúmeras travessias transoceânicas, mas, durante aquela viagem até Buenos Aires, devido a uma hélice quebrada, ele afundou na costa do Brasil. Mais de trezentos mortos: uma grande tragédia. Felizmente, meus avós e meu pai não estavam a bordo: embora o terreno já estivesse à venda havia algum tempo, não chegara nenhuma oferta de compra, e assim, sem o dinheiro necessário, poucos dias antes da partida tiveram que desistir da viagem, com grande pesar. A espera durou até fevereiro de 1929, quando embarcaram em outro navio, o *Giulio Cesare*: após duas semanas de viagem, chegaram à Argentina e foram recebidos no Hotel de Imigrantes, um centro de acolhimento para imigrantes não muito diferente daqueles de que temos notícia nos dias de hoje.

Meu pai nunca falava piemontês, provavelmente porque a saudade que sentia de casa era grande, ainda que não admitisse isso de forma consciente. Meus avós, ao contrário, falavam sempre. Por isso posso dizer que o piemontês foi minha língua materna. Creio que, durante a vida, todo imigrante precise lidar com a mesma questão interna que meu pai vivenciava. Não é simples! Homero narra a respeito na *Odisseia*, e também o poeta piemontês Nino Costa, que aprecio muito e que, em uma de suas obras, exprime o desejo de retornar próprio daqueles a quem o retorno é impedido.

Os migrantes levam consigo uma bagagem enorme de experiências e lembranças que podem nos enriquecer e nos ajudar a crescer. De volta ao tema da Segunda Guerra Mundial, também escutei as histórias do conflito pela voz dos imigrantes poloneses na Argentina. Papai trabalhava a menos de 100 metros de casa: era contador em uma enorme tinturaria industrial para onde grandes clientes enviavam fios e tecidos para tingir. Aos poucos, começaram a chegar na empresa operários poloneses que tinham visto com os próprios olhos a guerra, a invasão das tropas nazistas e a morte de seus entes queridos. Tinham vivido aquele drama e fugido para a América do Sul, movidos pelo sonho de uma vida nova. Quando eu ia encontrar papai no trabalho, com 8 ou 9 anos, às vezes parava para escutar suas histórias. Eram corajosos, aqueles poloneses. Havia uma dezena deles, todos com um grande coração. Suas histórias eram muito dolorosas, pois falavam de famílias destruídas, de amigos enviados ao front que nunca mais voltaram, de mães que esperavam abraçar de novo suas *crianças* e que recebiam flores pela morte de seus filhos em vez disso.

No entanto, preciso acrescentar que, apesar dos dramas vividos, aquelas pessoas não tinham esquecido a capacidade de sorrir: de vez em quando, chamavam as crianças e faziam piadas, nos ensinando palavrões em polonês. Lembro que certa vez um deles me disse:

— Vá até aquela moça e diga essa palavra...

Para mim, é claro, era uma palavra sem significado, mas em polonês não era nenhum elogio para aquela senhora! Então, tínhamos momentos mais leves, além das histórias sobre a Segunda Guerra Mundial. Mas todos sabiam muitíssimo bem que eles também levavam nos olhos aquela saudade típica de quem é obrigado a deixar a própria casa. É como um espinho no coração! E quantos, ainda hoje, são obrigados a fugir na esperança de encontrar uma vida nova — como fizeram os meus avós ou aqueles imigrantes poloneses —, e, em vez disso, encontram apenas a morte no mar ou a rejeição na fronteira. Mais uma vez, é a maldade humana que causa essas tragédias, o coração endurecido dos que não abraçam o Evangelho — esse, sim, nos pede para abrir as portas a quem bate, para abrir bem o coração a quem busca um lugarzinho quente, a quem procura uma mão estendida para levantar a cabeça.

Quantos italianos partiram, antes e depois da guerra, para a América do Sul ou os Estados Unidos. E quanto dos nossos próprios familiares foram migrantes! Talvez, nos países em que desembarcaram, eles também tenham sido considerados *bandidos, perigosos*. Em vez disso, só estavam em busca de um futuro para seus filhos. "Onde está teu irmão?", pergunta o Senhor a Caim, no livro de Gênesis. É uma pergunta que ainda ressoa nos dias de hoje e nos deixa desorientados: não prestamos atenção à criação de Deus e não somos mais capazes de cuidar uns dos outros. E, quando essa desorientação contagia o mundo, ocorrem tragédias como as que com tanta frequência saem nos jornais. Quero repetir, quero gritar: por favor, acolhamos nossos irmãos e nossas irmãs que batem à porta. Porque, se corretamente integrados, se acompanhados e cuidados, poderão contribuir, e muito, para nossa vida. Como aqueles imigrantes poloneses, fugitivos da Segunda Guerra Mundial, que conheci ainda criança, os migrantes de hoje são também pessoas que apenas buscam um lugar melhor, e tantas vezes, ao contrário, encontram a morte. Infelizmente, é muito frequente que esses nossos irmãos e irmãs desejosos de paz não encontrem acolhimento nem solidariedade, e sim um dedo acusador apontado contra eles. O preconceito corrompe a alma, a maldade mata. E esse é um caminho sem volta, é uma perversão. Não podemos esquecer o que aconteceu, por exemplo, com nossas irmãs e nossos irmãos judeus. E, também nesse caso, as memórias são inúmeras.

# II

# O EXTERMÍNIO DOS JUDEUS

— É um monstro, não há outra palavra para descrevê-lo...

Com um gesto aborrecido, Regina se levantou de repente, deixando o prato de sopa sobre a mesa. O jantar, ao menos para ela, parecia terminado. Ainda pensando no que ouvira a sogra contar pouco antes, bate na pia a panela com a sobra da sopa, fazendo-a respingar aqui e ali. Enquanto isso, continua a repetir:

— Que monstro!

Marta, a filha mais nova, começa a chorar, amedrontada pelo tom de voz da mãe; os dois filhos maiores, Jorge e Oscar, que em vez de comer se desafiam em um duelo com golpes de colher, param, emudecidos. Jorge, em particular, olha para a mãe, curioso, enquanto o pai, Mario, se levanta para dar colo à pequena: nunca *vira a esposa tão indignada. Talvez no passado tenha acontecido por algum erro, mas nunca por uma notícia como aquela, que não lhe diz respeito diretamente. A atmosfera na casa Bergoglio não é das melhores naquela noite quente de dezembro de 1941. Depois do desabafo, o silêncio cai sobre eles: agora, ouve-se apenas o barulho da água que escorre na pia, onde se mistura às lágrimas de Regina. Ademais disso, só os gritos de alguma criança que ainda brinca na rua, junto com o rugido lento de um velho caminhão enferrujado que se distancia, levando para o trabalho, nos arredores do bairro de Flores, um grupo de operários da noite.*

*Vó Rosa havia recebido naquela mesma tarde a visita de uma velha amiga, que emigrara de Turim para a Argentina, e foi esse evento em particular que causou aquela reação na mãe. A sra. Margherita Muso Nero — como se chamava — lhe contara as últimas notícias recebidas da Itália: muitos de seus parentes tinham escapado para o exterior depois da promulgação das leis raciais, em 1938, mas outros haviam permanecido, na esperança de que aquele período, cedo ou tarde, pudesse se tornar apenas uma lembrança ruim. Na última carta, os parentes contavam que, no exterior, já ocorriam perseguições e que, em conjunto com a construção de guetos nas grandes cidades ocupadas pelos nazistas, milhares de mortes estavam ocorrendo. Muitas pessoas vinham sendo levadas à força para longe, para campos de trabalho. Na realidade, estava para acontecer o que ficaria conhecido como solução final: o fuzilamento de comunidades inteiras, câmaras de gás móveis e, principalmente, deportações para os grandes campos de concentração. Auschwitz já operava desde 1940, enquanto Auschwitz II-Birkenau fora inaugurado em outubro de 1941.*

*Vó Rosa escutou com atenção, de olhos úmidos, a história da amiga. Ela falava de judeus que partiram de trem para um destino desconhecido, embarcados à força em vagões adequados ao transporte de animais, não de seres humanos. Centenas de pessoas aglomeradas, umas contra as outras, carregando suas malas e as lembranças de uma vida inteira. Crianças arrancadas da mãe, ou escondidas por algum vizinho, maridos separados de sua cara-metade, as pernas acertadas por bastões para que caminhassem mais depressa.*

*Depois dessa visita, pouco antes de tomarem aquela sopa no jantar, a avó levara Jorge de volta para casa e se demorara alguns minutos para sussurrar ao filho e à nora o que dissera a sra. Muso Nero. Rosa, dona de uma personalidade franca e decidida, não quer que as crianças escutem histórias tão tristes, por isso liga o rádio e aumenta o volume. De repente, as notas de um tango invadem a sala de jantar: a Radio El Mundo está transmitindo "Recuerdo", de Osvaldo Pugliese, conhecido em Buenos Aires como "o santo do tango". O pequeno Jorge, com quase 5 anos, parece apreciar. Com aquela música de fundo, a história dramática da avó é acompanhada por uma coluna sonora que carrega suas palavras com ainda mais emoção: o pensamento de Mario segue até seus amigos judeus, e ele pronuncia aquela palavra, monstro, que será repetida por sua esposa no jantar minutos depois.*

Naquele período, eu ouvia com muita frequência em casa: "Hitler é um monstro!". Em geral, no jantar, no almoço ou quando algum tio ou primo ia nos ver. Minha mãe e meu pai, claro, não ficavam indiferentes diante do que acontecia na Europa e, quando conversavam, entre si ou com vovó, também nomeavam esse personagem. Eu ainda era pequeno demais para entender. Depois, quando cresci um pouco, entendi quem era aquele homem que meus pais chamavam assim.

Papai trabalhava com muitas pessoas judias e acabou fazendo amizade com elas: na tinturaria, havia muitos clientes dessa comunidade que produziam linhas e meias e enviavam os tecidos para tingir. E então, de vez em quando, eles também passavam na nossa casa com toda a família. Obviamente, o assunto da perseguição aos judeus surgia com frequência, pois esses senhores tinham parentes espalhados pela Europa, alguns dos quais infelizmente tinham sido levados e ninguém mais teve notícias.

Enquanto os adultos falavam de tais assuntos, nós, crianças, íamos para o quintal jogar bola, ou ficávamos em outro cômodo. Isso também ocorria quando eu estava na casa da minha avó: havia essa sua velha amiga, a sra. Margherita Muso Nero, uma mulher simples, boa, que, embora tivesse pelo menos dez anos a menos do que ela, ia visitá-la com frequência; falava-lhe de seus parentes e do que estavam passando.

Em todas essas ocasiões, as crianças eram convidadas a fazer outra coisa, para que não fôssemos impactados. Mas de vez em quando eu conseguia ouvir algumas palavras: vovó dizia poucas e boas sobre Hitler! E também reclamava muito de quem, no nosso país, o apoiava. Na época, de fato, havia uma minoria na sociedade argentina que era antissemita. Obviamente, não falo de forma geral, mas algumas ramificações sociais apoiaram os ideais do Terceiro Reich, sobretudo alguns homens simpáticos ao nacionalismo. Assim, mesmo perto de nós, havia sentimentos hostis ao povo judeu, o que sempre me feriu.

Pedi muitas vezes ao Senhor que perdoasse essas pessoas e a crueldade dos regimes totalitários. Escrevi isso no Livro de Honra em 2016, quando visitei os campos de concentração de Auschwitz e Birkenau, na Polônia: uma peregrinação silenciosa, pois não fiz discursos. Palavras teriam sido supérfluas ante aquela imensa tragédia. Diante do muro de execuções, onde os prisioneiros eram mortos com um tiro na cabeça, quis rezar pelas almas das vítimas, por esses nossos irmãos e irmãs maiores em sua fé e por todas as comunidades que sofreram as atrocidades dessa loucura humana. Também visitei a *cela da fome*, onde ficou detido São Maximiliano Kolbe, frade franciscano que ofereceu a vida em troca da de um pai de família. Algo que sempre me comoveu é que essas pessoas, sem se darem conta, tinham sido levadas até ali enganadas: acreditavam estar sendo enviadas a campos de trabalho, não sabiam que dali a pouco acabariam assassinadas. Eu não tive palavras durante aquela visita aos campos de concentração e extermínio; mas posso dizer que, depois de tantos anos, ali dentro ainda se respira um ar de morte e crueldade. Foi impressionante.

De volta àquele período dos anos 1940 em que os nazistas decidiram eliminar todos os judeus, os relatos da sra. Muso Nero foram muito úteis para que minha avó entendesse a profundidade daquela tragédia e também me forneceram explicações nos anos seguintes. Com apenas 5 ou

6 anos, teria sido impossível para mim entender que o homem pudesse ir tão longe, e eu também não poderia ter imaginado o que aconteceria depois. Tomei plena consciência desse drama graças aos meus professores na escola, à minha família, ao estudo de História e, sobretudo, aos relatos dos sobreviventes que, ao longo dos anos, me narraram suas experiências como prisioneiros naqueles campos de morte, onde a dignidade humana estava sendo absolutamente atacada.

Eu poderia relatar aqui várias histórias de que tomei conhecimento por meio do rabino Abraham Skorka, mas citarei apenas duas.

A primeira é a de Lidia Maksymowicz, filha de dois guerrilheiros da Bielorrússia e que encontrei no Vaticano. Tinha apenas 3 anos quando foi deportada e marcada pelos nazistas. Sua família foi aprisionada por razões políticas, pois, desde o início, seus pais tomaram abertamente o lado do povo judeu, embora não o fossem. Lidia foi enviada para o campo de Auschwitz II-Birkenau em 1943, separada da mãe e submetida, junto a tantas outras crianças, aos experimentos do dr. Mengele. Aquele homem fazia coisas terríveis: testava neles medicamentos e venenos, transformando-os em pequenas cobaias de laboratório. Pobres pequeninos!

Encontramo-nos por alguns minutos ao fim da audiência geral, e nesse caso também não disse palavra alguma. Apenas agradeci seu testemunho. E, num gesto espontâneo, beijei a tatuagem com o número que ela traz no braço desde os 3 anos.

A segunda é a história de outra sobrevivente, Edith Bruck, uma judia húngara cujas história e força realmente me impressionaram muito. Na escuridão do campo de concentração, ela conseguiu encontrar luz: em Dachau, um cozinheiro nazista perguntou seu nome e, depois, vendo-a tão pequena e indefesa, disse-lhe:

— Também tenho uma menina como você.

Ele lhe deu de presente um pente, ainda que o cabelo dela tivesse sido completamente raspado. Um sinal de esperança em meio àquele mar de morte. Quando fui visitá-la em sua casa, em Roma, ela me contou essa história e eu lhe disse:

— Gostaria de ter sido aquele cozinheiro!

Mas também lhe pedi perdão por tudo o que aconteceu com os judeus. Vi Edith algumas outras vezes em público, em Roma, e também no Vaticano, em encontros privados, sempre no Dia Internacional em Memória das Vítimas do Holocausto, que acontece todo dia 27 de janeiro. Memória:

essas pessoas são memórias vivas, são um tesouro inestimável para todos nós. O extermínio de milhões de judeus não pode ser esquecido e não deve se repetir: chega de genocídios, chega de crueldade. A Shoah[1] nos ensina que é preciso máxima vigilância para não chegar tarde demais quando a paz e a dignidade da pessoa humana são atacadas.

*Aquele tango transmitido na rádio, que distraiu um pouco o pequeno Jorge enquanto seus pais conversavam com vó Rosa, foi interrompido pelo noticiário das 19 horas: o locutor relata o ataque japonês à base americana de Pearl Harbor, nas ilhas do Havaí, ocorrido no amanhecer daquele domingo, 7 de dezembro de 1941. Milhares de mortos, sobretudo soldados. Se até aquele momento a maioria dos norte-americanos era contrária ao envolvimento do país na Segunda Guerra Mundial, depois do ataque do império japonês a situação muda radicalmente, e o presidente Franklin Delano Roosevelt anuncia a entrada dos Estados Unidos na guerra, ao lado da Grã-Bretanha e da União Soviética. Todos se calam de repente para escutar aquelas notícias radiofônicas vindas da*

---

1. Palavra hebraica que significa, literalmente, destruição, ruína, e é usada para se referir ao Holocausto. [N. T.]

América do Norte. Rosa faz um gesto resignado, unindo as mãos e balançando a cabeça, como se quisesse dizer: "Só faltava essa...". Depois, se despede apressada: está tarde, e ainda precisa preparar o jantar para o marido, Giovanni.

— Até amanhã de manhã, hein — diz para Jorge depois de lhe dar um beijo.

Ela vai acompanhá-lo à escola de educação infantil Nuestra Señora de la Misericordia, na Avenida Directorio, a 400 metros de casa. Um instituto de freiras que o menino já frequenta há mais de um ano.

Enquanto isso, Regina ainda está no fogão, terminando de fazer a sopa. Mario já tirou da mesa os livros contábeis; também naquele domingo, tinha levado trabalho para casa. Agora, orienta as crianças a lavarem as mãos e se sentarem bem comportados, ainda comentando com a esposa as histórias que sua mãe contara sobre os judeus.

— Como é possível termos chegado a isso? — perguntam-se, sem dar muitos detalhes para não preocupar os filhos.

— Ele acha que é um deus, não tem outra explicação... — acrescenta Regina, claramente angustiada, levando a panela para a mesa.

— Pobrezinhos — continua Mario —, imaginem o medo que sentiram, sobretudo as crianças, durante aquela viagem de trem.

*E depois, quando chegaram ao destino, quem sabe o que pode ter acontecido...*

*— Papai, que viagem de trem? — perguntam as crianças em uníssono, mas não recebem resposta.*

*Depois de algumas colheradas de sopa, Regina não aguenta mais e deixa escapar:*

*— Hitler é um monstro!*

*Está pensando naqueles pequenos judeus, separados de suas mães sem nenhuma razão.*

Nossos pais eram muito sensíveis quando acontecia algo de ruim com qualquer criança da nossa idade. No caso da deportação dos judeus, de todas as idades, é claro que o sentimento se ampliou. Como cristãos praticantes, não conseguiam aceitar aquela situação, e por isso definiam Hitler daquela forma. E não estavam errados!

Às vezes, sinto que revivo aqueles sentimentos quando leio nos jornais sobre casos de antissemitismo ou racismo que ainda acontecem hoje: pensemos, por exemplo, nos atos de violência cometidos por alguns fanáticos, nos túmulos judaicos profanados, ou até, em vários países europeus, nas casas marcadas com a Estrela de Davi após a eclosão do novo conflito no Oriente Médio, em outubro de 2023. É vergonhoso, sobretudo porque, na maioria das vezes, são os jovens que estão envolvidos nesses atos! Como se não entendessem o que foi a *Shoah*!

Pensemos também nas pessoas negras: nos Estados Unidos, por exemplo, ainda ocorrem com frequência grandes protestos contra a morte de cidadãos negros, assassinados por um estigma que lhes foi associado. Ecoou com muita força a história de George Floyd e de outros conterrâneos dele. Mas esse problema não é apenas norte-americano, também afeta os países europeus.

Por sorte, sempre ocorrem reações coletivas contra as injustiças sociais ou raciais, contra o abuso de poder quando a dignidade humana é ferida. Por isso, gosto de definir as pessoas que participam de manifestações não violentas como *samaritanos coletivos* que intervêm para a defesa da dignidade dos seres humanos, de qualquer ser humano. Mas precisamos lembrar que o racismo é uma doença, um vírus, e o caso de Hitler é uma doença elevada à enésima potência, porque ele atacava não apenas os judeus, mas também os ciganos, pessoas com deficiências, homossexuais, idosos e também crianças com síndrome de Down. Mandava todos para a morte, sem piedade. Isso sempre me causou uma dor imensa, nunca pude aceitar. Por isso, digo que não podemos virar as costas quando nos deparamos com um caso de antissemitismo, racismo ou discriminação, devemos sempre defender a sacralidade da vida humana. O nome de Deus é desonrado e profanado na loucura do ódio: ocorre hoje, assim como ocorreu com as ações perversas dos regimes durante a Segunda Guerra Mundial. A história se repete, e testemunhamos isso em nosso cotidiano, com o que acontece, por exemplo, na Ucrânia ou no Oriente Médio.

De volta à minha infância, o povo judeu que vivia distante da Europa sofria muito naqueles anos. Eu percebia isso nos olhos dos amigos de meu pai que nos visitavam e também nos olhos dos filhos deles. Alguns pareciam levar sempre o coração pesado, mesmo quando brincavam comigo. Talvez soubessem algo a respeito do que estava acontecendo com seu povo, com seus parentes, porque quase nunca sorriam e tinham um olhar triste. Ainda vejo isso acontecer, quando recebo crianças que chegam das zonas de guerra: seus olhos nunca sorriem, o sorriso é sempre forçado.

Com sua inocência, as crianças têm muito a nos ensinar, ainda mais em um período de guerra como o que vivemos. Também por este motivo, quis instituir uma Jornada Mundial dedicada a elas: para que sejam nossas principais "aliadas" na busca pela paz. Com seu coração puro e simples, elas dizem tanto, sobretudo quando, já nas escolas, são educadas para a paz! Sempre que estou em contato com os pequenos, meu coração também volta a ser criança, e esqueço todas as dificuldades e as polêmicas que se apresentam no meu trabalho. Quando olho para elas, tão felizes e cheias de vida, revejo o entusiasmo de quando eu brincava com meus amigos pelas ruas. Aconteciam muitas brigas, é claro, e às vezes escapava algum palavrão, mas sempre fazíamos as pazes... e terminávamos lanchando na cada da vó Rosa, que nos preparava um pão doce.

Pensando em todos os judeus que sofreram e pagaram com a vida apenas pelo fato de pertencerem àquele povo, em 2014 quis realizar, em Jerusalém, uma visita ao Memorial do Holocausto, o Yad Vashem. Em meu discurso, fiz perguntas simples: "Homem, quem és? Quem te tornastes? De quais horrores fostes capaz? O que te fizeste descer tão baixo? [...] Quem te convenceste de que eras Deus? Não apenas torturastes e matastes teus irmãos, mas os oferecestes em sacrifício a ti mesmo, porque te estabeleceste como deus [...]. (Senhor), lembrai-vos de nós em vossa misericórdia. Dai-nos a graça de nos envergonharmos daquilo que, como homens, fomos capazes de fazer, de nos envergonharmos dessa máxima idolatria, por termos desprezado e destruído a nossa carne, aquela que criastes da lama, aquela que vivificastes com vosso hálito de vida. Nunca mais, Senhor, nunca mais!".

Não devemos, portanto, esquecer que o século passado assistiu a muitas brutalidades cometidas contra o povo judeu: pensávamos que terminaria com o fim da guerra e o colapso dos regimes, no entanto, os judeus continuam a ser perseguidos e rotulados. Isso não é cristão, tampouco humano! Quando entenderemos que eles são nossos irmãos?

Não posso esconder que com frequência meu pensamento se dirige àquelas pessoas que, nos anos 1940, sofreram e encontraram a morte nos campos de concentração enquanto nós vivíamos com tranquilidade em nossa casa na Argentina, sem preocupações. Tínhamos tudo, ainda que vivêssemos com simplicidade: não era importante ter um carro, ou um terno sob medida, ou tirar férias, o essencial era encontrar a felicidade. E isso, na família, graças a Deus, nunca faltava. Não havia, principalmente, o medo de que alguém da SS batesse à nossa porta para revistar a casa, não havia patrulhas nazistas pelas ruas, as mães não tinham os cabelos raspados e não eram separadas de seus filhos e enviadas para os campos vestindo agasalhos sujos e privadas de seus direitos. Os homens também não eram levados para trabalhos forçados e depois, quando se tornavam inúteis, mortos e jogados em fornos.

Por que eles sofreram tudo isso, e nós não? Por que tantas crianças como eu, naquela época, foram separadas de seus pais, enquanto eu e meus irmãos recebemos a dádiva divina de uma infância feliz? Pergunto-me com o coração partido e não encontro resposta.

# III

# AS BOMBAS ATÔMICAS E O FIM DA GUERRA

*O estádio vai ao delírio. Os torcedores do San Lorenzo de Almagro, depois do apito final do árbitro Eduardo Forte, festejam a plenos pulmões, entre danças, cantos e coros em homenagem ao Terceto de Oro, o trio formado por Armando Farro, René Pontoni e Rinaldo Fioramonte Martino. Apesar da ausência de Farro, a partida terminou em 6 a 1 para o time azul e grená, que venceu o Ferro Carril Oeste, clube poliesportivo do bairro Caballito. Um resultado incrível naquele domingo histórico de 2 de setembro de 1945: ninguém esperava que o San Lorenzo chegasse tão longe, nem mesmo o treinador Diego García, e, no entanto, houve aquele milagre. Entre os torcedores mais fervorosos do time de Almagro estão os Bergoglio, presentes nas arquibancadas.*

A família está completa, Mario levou Regina e os quatro filhos: Jorge, sentado ao lado do pai, Oscar, Marta e o pequeno Alberto, de 3 anos.

Pontoni e os companheiros dão uma volta no campo para saudar o público, mas há também outra razão especial para festejar: antes da partida, a rádio anunciou que, no Japão, na baía de Yokohama, a delegação japonesa guiada pelo ministro das Relações Exteriores, Mamoru Shigemitsu, a bordo do encouraçado norte--americano Missouri, assinou a rendição pelas mãos do general MacArthur, marcando definitivamente o fim da Segunda Guerra Mundial. Na Europa, o conflito já tinha terminado há alguns meses: em face do avanço das tropas anglo-americanas e do Exército Vermelho em direção a Berlim, Adolf Hitler se suicidou em 30 de abril, e, em 7 de maio, a Alemanha assinou, em Reims, na França, o ato de rendição incondicional às forças aliadas.

Mas era aquele 2 de setembro de 1945 que demarcava o fim da hostilidade em todo o mundo, ainda chorando as vítimas da explosão das duas bombas atômicas lançadas pelos Estados Unidos sobre as cidades japonesas de Hiroshima e Nagasaki. Mais de 200 mil mortos e 150 mil feridos. Na Argentina, também se festeja o fim da guerra e, por todos os cantos, fala-se dos novos cenários: no bar, nos jornais, na rádio, na barbearia, entre os vizinhos. Jorge, que agora tem quase 9 anos, ouve a mãe e

*o pai falarem sobre isso, mas também a professora da escola pri-
mária Coronel Pedro Antonio Cerviño, a qual frequenta diariamente. Bom aluno, ele usa, como os colegas, um avental branco
com laço preto. Sua professora, Estela Quiroga, fica impressio-
nada com os métodos originais do menino: quando, por exemplo, precisa estudar adição, subtração ou multiplicação, em vez
de escrever ou contar com os dedos, pratica subindo e descendo
as escadas do instituto. Além de matemática, ele também adora
ler, colecionar selos e praticar esportes: joga basquete com o pai,
Mario, bate bola com os amiguinhos do bairro e vai ao estádio
com toda a família aos domingos.*

*Naquele domingo, dia 2 de setembro de 1945, antes de ir ao es-
tádio para a extraordinária partida do San Lorenzo, Jorge passou em casa. De manhã, fora à missa com vó Rosa, na basílica de
San José de Flores, a dez minutos de casa, e jogou bisca com os pais
e Oscar. Ao longe, escuta-se "Overture Leonore n. 3". Mario ligara
o toca-discos com um vinil de Fidélio, de Beethoven, após colocar
de lado os livros contábeis que levara para casa a fim de terminar
o trabalho da semana. Embora seu salário seja menor em comparação aos dos colegas, pois na Argentina a sua titulação italiana não é reconhecida, ele está sempre com um sorriso no rosto,
principalmente quando precisa corrigir os filhos, que ainda não
aprenderam as regras do jogo de cartas.*

*No entanto, aquele momento de prazer não durou para sempre. Quando os ponteiros do relógio marcaram 11h30, chegara para a mãe e o pai a hora de cozinhar. Mas alguém lá fora começou a gritar o nome de Regina, interrompendo aquela tranquila e divertida manhã em família.*

Nossa vizinha, María, chamava mamãe com muita insistência. Eu me lembro como se fosse hoje daquele dia de setembro de 1945. Nossa casa era separada da dos vizinhos por um muro alto: as moradias do bairro eram todas separadas desse modo. Em algum momento, a senhora que vivia do nosso lado se espichou sobre o muro e começou a gritar o nome de mamãe, para fazê-la sair de casa:

— Sra. Regina! Sra. Regina!

Mamãe saiu de casa pensando que algo grave havia acontecido. E a mulher continuou gritando, dessa vez com um lindo sorriso:

— Sra. Regina... acabou a guerra! Acabou a guerra!

Por um instante, mamãe ficou desorientada; depois as duas desataram a chorar de alegria. Um choro libertador. Enquanto isso, a sirene do jornal *La Prensa* também disparou. Aquele era um sinal muito forte, acionado para alertar a população de que algo importante tinha acontecido. O som era tão intenso que, embora a sede do jornal ficasse a cerca de 10 quilômetros da nossa casa, parecia ter sido disparado na esquina. As pessoas começaram a sair nas sacadas e ir às ruas para entender o que estava acontecendo. Foi um momento muito emocionante: tendo presenciado aquela cena, que ainda está muito viva em minha mente, posso dizer que naquele dia aprendi quanto aquela gente simples, embora morasse na América do Sul, longe dos teatros da guerra, desejava a paz. Todos nós experimentamos uma sensação maravilhosa, como se um pesadelo horrível enfim terminasse, sobretudo se pensássemos em todas as vítimas que tinham sido assassinadas ou obrigadas a fugir para o nosso país.

Naquele momento, em todo o mundo, esperava-se com ansiedade o anúncio do fim da guerra. A história se repete, e, como naquela época, isso está acontecendo hoje: todos sofremos pelos conflitos e pela violência que atingem diversas áreas do planeta e nos perguntamos o que podemos fazer para aliviar o sofrimento das pessoas. Claro, podemos contribuir com obras de caridade para a reconstrução ou distribuição de itens de primeira necessidade, mas nossa contribuição mais importante pode ser extirpar de nosso coração o ódio e o ressentimento em relação a quem vive perto de nós. Somos todos irmãos e irmãs e, entre nós, não pode prevalecer o ressentimento. Toda guerra, para realmente terminar, precisa do perdão, ou então nunca se dará justiça, e sim vingança!

Precisamos aprender a construir no mundo uma cultura de paz que não seja vista apenas pela perspectiva de uma rejeição à violência das armas: pensemos na violência da nossa tagarelice destrutiva, pensemos na violência psicológica contra pessoas frágeis e indefesas, pensemos na violência do abuso de poder, até na própria Igreja. Queremos mesmo a paz? Então, comecemos a trabalhar por ela com as nossas mãos! São Paulo nos indica o caminho a seguir quando diz que a misericórdia, a benevolência e o perdão são os melhores remédios que podemos usar para construir uma cultura de paz.

Lembro-me das palavras do Papa Pio XII, transmitidas pela rádio em agosto de 1939, às vésperas do início da Segunda Guerra Mundial. Nós as ouvimos em casa, pelo rádio: "Nada se perde com a paz. Tudo pode ser perdido com a guerra. Que os homens voltem a se compreender. Que recomecem a negociar. Ao negociar de boa vontade e respeitando os direitos recíprocos, perceberão que a negociantes sinceros e dedicados nunca será negado um sucesso honroso".

Mas a maldade humana, como ainda acontece nos dias de hoje, não tinha ouvidos adaptados para escutar aquelas palavras santas e sábias. De fato, apenas seis anos depois, em agosto de 1945, as duas bombas atômicas destruíram Hiroshima e Nagasaki. Lembro-me de que se falava muito desse evento catastrófico, as pessoas no bar ou no oratório salesiano diziam que os norte-americanos — eles os chamavam de gringos — tinham lançado aqueles dispositivos mortais, mas ninguém entendia por quê: nós, crianças, com certeza não entendíamos, mas os adultos também não. "O que é uma bomba atômica? Como funciona?", perguntavam-se todos. E havia aprofundamentos científicos nos jornais ou na rádio, explicando como acontecia essa explosão, o que ocorria com os átomos, a amplitude do raio de destruição desse aparato. Havia quem se perguntasse até se os efeitos da radiação dessas bombas podiam alcançar, de alguma forma, também a América do Sul ou a Argentina... Não tínhamos os conhecimentos de hoje, e sentíamos muito medo. Medo e desespero: ouvi histórias dramáticas sobre o que aconteceu em Hiroshima pela voz de quem estava lá, durante e depois da explosão atômica. Contarei essa história mais adiante.

*Nas ruas de Buenos Aires, também se festeja o fim da guerra. Mario liga o rádio para ouvir eventuais atualizações, e Regina está de volta à cozinha a fim de preparar o almoço. Eles precisam se apressar, pois o jogo do San Lorenzo está programado para o início da tarde, e para chegar ao estádio, ainda mais sem carro, vai demorar um bom tempo. Por sorte, vó Rosa chegou para dar uma mão; ela e Giovanni almoçarão na casa do filho. As crianças brincam na sala, e Oscar mostra a Jorge, com orgulho, seu prêmio: duas moedas dadas a ele pelo pai depois do jogo de brisca. Marta tenta roubar uma, está curiosa, quer tocar aquela moedinha. Uma briga começa entre gritos, lágrimas e puxões de cabelo.*

*— Vamos, Oscar, ela só quer olhar. Dê a ela e depois ela devolve — intervém a avó.*

*— Não, ela quer ficar com a minha moeda, vai esconder em algum lugar — responde o menino, emburrado.*

*— Isso não é um problema. Significa que você lhe deu de presente. Lembre-se: caixão não tem gaveta! De nada adianta ficar apegado a dinheiro — ensina a mulher.*

*As crianças se calam de repente, e Jorge fica tocado pelas palavras da avó. Entende bem o sentido delas, e sinaliza a Oscar que dê uma das moedas à irmãzinha. Marta fica contente e, depois de dar um beijo no irmão, volta ao quarto para brincar.*

*A transmissão esportiva, difundida pela rádio enquanto se espera pelas partidas da tarde, já terminou. A família prepara o ravióli quando começa um novo noticiário dedicado aos acontecimentos do dia: fala-se das festas nas ruas de Washington, Londres e Paris, e são narradas as reações das chancelarias internacionais e a chegada dos militares norte-americanos a Tóquio, onde crianças japonesas lhes deram flores. Em todo o mundo, o clima é de paz. Mas ainda se fala do drama das duas bombas atômicas e dos efeitos da radiação térmica para a população, acolhida principalmente nos hospitais de campanha do exército do império japonês. Em uma parte do mundo há festa, mas a outra ainda conta os mortos e feridos. Um correspondente narra uma mulher que, no momento da explosão, vestia um quimono: a violência da radiação queimou o tecido, cuja estampa ficou impressa nas costas da mulher, como uma marca.*

*Mario desliga de repente o rádio. Os detalhes daquela história estão se tornando pouco adequados às crianças. Por sorte, também está na hora de almoçar.*

Na verdade, notícias terríveis chegavam do Japão. No rádio, falava-se de todos que sobreviveram à explosão, pessoas que não tinham mais nada e que provavelmente morreriam em pouco tempo, por causa da radiação. Isso também era assunto entre nossos vizinhos de bairro. Havia muito medo de que pudesse acontecer de novo, que aquela bomba pudesse engolir tudo outra vez, sem escapatória.

De certa maneira, embora estivesse fisicamente distante, vivi de perto aquela tragédia, graças às histórias do padre Pedro Arrupe, que passou pela Argentina muitos anos depois, quando eu era um jovem estudante jesuíta. Ele fora missionário em Hiroshima, reitor do noviciado da Companhia de Jesus, e escapou por um milagre da explosão, junto com os 35 jovens que viviam no instituto e os demais jesuítas. Mas ele nunca disse que aquilo tinha sido um milagre, embora a bomba tenha explodido muito perto do prédio da Companhia de Jesus!

No entanto, ele me contou que, no dia do ataque, naquele 6 de agosto de 1945, ouviu uma explosão muito forte, e tudo começou a desabar, enquanto portas, janelas, paredes e móveis voavam pelos ares, desintegrando-se. Todos conseguiram escapar pelos campos de arroz. Uma vez a salvo, viram de uma colina que toda a cidade tinha sido arrasada. A descrição que ele me fez foi impressionante: viu um enorme lago de fogo e inúmeros cadáveres carbonizados.

Padre Pedro estudara Medicina e, por isso, na ausência de médicos — porque quase todos estavam mortos —, pôde ajudar quem precisava: transformou o noviciado em um hospital de campanha. Uma boa ideia, mas faltavam remédios. Felizmente, um fazendeiro lhe deu um saco com mais de 20 quilos de ácido bórico em pó e, misturando-o à água, padre Pedro pôde tratar as feridas de muitas pessoas que tinham o corpo cheio de queimaduras. A ajuda só começou a chegar das cidades próximas no dia seguinte, mas a força dos japoneses foi inacreditável: se levantaram e logo começaram a reconstruir. Quando me tornei adulto, como jesuíta, também quis ser missionário no Japão, mas não consegui permissão para ir porque minha saúde andava um pouco precária. Quem sabe, talvez, se tivessem me enviado àquela terra como missionário, minha vida tivesse tomado um rumo diferente, e alguém no Vaticano estivesse um pouco melhor do que agora.

De volta àqueles dias terríveis, padre Arrupe, além de ajudar as vítimas, buscava doações para reconstruir os prédios dos jesuítas, pedia esmola de porta em porta e também encontrava grande generosidade no sofrimento. Todavia, enquanto ele estava em meio a tantos desesperados, outros levantavam taças para festejar a vitória. O uso da energia atômica para fins bélicos é um crime contra o homem, contra a sua dignidade e contra qualquer possibilidade de futuro na casa que compartilhamos. É imoral! Como podemos nos afirmar defensores da paz e da justiça e ao mesmo tempo construir novas armas de guerra? A posse dessas armas de destruição em massa apenas dá uma ilusão de segurança, porque gera um clima de suspeita e de medo. A utilização dessas bombas, além disso, teria um impacto ambiental e humanitário catastrófico. Precisamos nos lembrar do que aconteceu no Japão! Estive lá em 2019 e visitei o Memorial da Paz em Hiroshima. Foi um momento muito comovente, no qual pensei em todas aquelas vítimas inocentes. Quis empreender essa peregrinação para reiterar, sobretudo, três imperativos morais que podem abrir um caminho de paz: recordar, caminhar juntos e proteger. Não podemos permitir que as novas gerações, incluídas as atuais, percam a memória do que aconteceu, uma memória viva que pode ajudar a dizer, de geração em geração: nunca mais!

Por isso, devemos caminhar juntos, com um olhar devotado ao perdão, levando um raio de luz em meio às nuvens numerosas que hoje obscurecem o céu. E são tantas, se olharmos para as zonas *quentes* do planeta e para como têm vivido nossos irmãos e irmãs na torturada Ucrânia, na Síria, no Iêmen, em Mianmar, no Oriente Médio, no Sudão do Sul... e em todos os outros países onde ainda se vive a tragédia da guerra. Precisamos abrir-nos à esperança para sermos instrumentos de paz e reconciliação. Podemos fazer isso se formos capazes de nos proteger e nos reconhecer como irmãos e irmãs em um destino comum; por isso, hoje, como naquela época, devemos elevar, em uníssono, a nossa voz: guerra nunca mais, nunca mais o estrondo das armas, nunca mais tanto sofrimento. Que haja paz para todos. Uma paz duradoura, sem armas.

Naqueles dias de 1945, na escola também se falou muito do fim da guerra mundial e de como as grandes potências tinham *dividido* o mundo entre si: lembro-me de que nós, os alunos, fazíamos trabalhos sobre o tema da paz, e eu gostava muito.

O tema ainda foi tratado com muita atenção nos anos seguintes, quando mudei de escola. Em 1948, nasceu minha última irmã, María Elena; minha mãe tinha problemas de saúde e não conseguia mais cuidar de todos nós. Assim, no ano seguinte, 1949, Oscar, Marta e eu, graças à ajuda de Dom Enrico Pozzoli, ingressamos no internato salesiano. Marta, que tinha 8 anos, frequentou a instituição feminina María Auxiliadora, enquanto eu e meu irmão frequentávamos a escola Wilfrid Barón de los Santos, em Ramos Mejía, que ficava a cerca de 12 quilômetros da nossa casa.

Fiz o sexto ano nessa instituição, e devo dizer que não tinha nem mesmo tempo de me entediar. Estávamos imersos em uma vida em que não havia espaço para o ócio: de manhã bem cedo, começávamos as atividades com a missa, o estudo, as aulas, as brincadeiras durante o recreio e depois, no fim do dia, ouvíamos o *boa-noite* do diretor. Na escola, aprendi a estudar bem, porque, graças à ajuda dos professores, conheci técnicas mnemônicas que até hoje me são úteis. Depois, silêncio: era tão bom permanecer horas e horas estudando imerso no silêncio absoluto, pois favorecia a concentração. Também praticávamos muito esporte, pois dizia-se que era um aspecto fundamental da vida. Depois de tantas preocupações por causa do conflito mundial e da explosão das bombas atômicas, precisávamos de atividades que possibilitassem o lazer, desde que realizadas nos limites do confronto saudável: ensinavam-nos a competir como cristãos. Portanto, sem faltas feias e, acima de tudo, com muita honestidade em campo!

Creio que o mais importante, porém, seja o fato de que, em geral, a escola criava, pelo despertar da consciência na verdade das coisas, uma cultura católica que não era preconceituosa nem desorientada. Também se sentia piedade pelos outros, e era real! Isso formou hábitos que, no conjunto, moldaram um modo de ser, seguindo os ensinamentos católicos. Foi onde, por exemplo, aprendi a me abrir para os outros e privar-me de algumas coisas para dá-las a pessoas mais pobres do que eu. Afinal, o caixão não tem gaveta, lembra?

Não por acaso, foi com os salesianos, aos 12 anos, que senti pela primeira vez a vocação sacerdotal. Tomei coragem e falei sobre isso com padre Martínez, conhecido por todos como *el pescador*, por causa do grande número de vocações que descobria nos estudantes ao andar pela escola. Eu o encontrei algumas vezes, ele me fez algumas perguntas e me deu alguns conselhos, mas nunca aprofundamos a conversa. Dentro de mim, esse desejo ainda estava adormecido, até que se manifestou definitivamente durante os anos 1950.

# IV

# A GUERRA FRIA E
# O MACARTHISMO

— Jorge, que surpresa! O que você faz aqui? Ainda não chegou o verão...

A voz inconfundível de Esther ressoa nas salas ainda desertas do laboratório Hickethier-Bachmann, onde o adolescente Jorge Bergoglio apareceu repentinamente às 7 da manhã de um dia frio e chuvoso de junho de 1953.

Ali, o garoto já é de casa, todos o conhecem bem, porque, nos meses de verão, entre dezembro e março, realiza naquele laboratório de análises químicas no bairro da Recoleta, em Buenos Aires, o estágio previsto no currículo escolar: sua tarefa é realizar o controle de qualidade nos alimentos.

*Seu pai insistira muito nisso, desejando que o filho, durante o verão, tivesse uma experiência de trabalho. Por isso, Jorge arregaçou as mangas: conciliar o compromisso na empresa com o estudo lhe custa muito esforço, mas não é o único a voltar exausto para casa todas as noites. A prática na fábrica ou no laboratório está prevista no instituto que frequenta, a Escuela Industrial n. 12. Para os alunos dos anos finais, o programa de verão é dividido em aulas teóricas à tarde, das 14 às 18 horas, e práticas de manhã, das 7 às 13. Apenas uma hora de pausa, o tempo que leva ir do laboratório à escola com um sanduíche na boca. Ao fim de seis anos, receberá o diploma de perito químico.*

*Contudo, a razão da visita imprevista de Jorge naquela manhã de início de inverno não está relacionada ao currículo. Antes de ir para a aula, o garoto de 16 anos desejou simplesmente cumprimentar a responsável do laboratório e jogar um pouco de conversa fora.*

*Esther Ballestrino é uma bioquímica paraguaia de 35 anos que fugiu de seu país por causa das perseguições ocorridas durante a ditadura do general Higinio Morínigo Martínez. Na verdade, Esther é uma ativista marxista, faz parte do Partido Revolucionário Febrerista e está engajada na linha de frente da defesa das mulheres e dos trabalhadores braçais. Suas palavras e ações não são toleradas pelas autoridades do Paraguai, por isso Esther foi obrigada a fugir e se refugiar na Argentina de Juan Domingo e Evita Perón.*

*A jovem mulher, sempre muito elegante e com os cabelos castanhos volumosos, alternando entre doçura e severidade, ensinou Jorge a usar o microscópio e colocou-o à prova nos alambiques e tubos de ensaio. Ela adora conversar com ele, mesmo fora do horário de trabalho, sobre os fatos da atualidade, os acontecimentos do mundo, o pensamento marxista e os direitos dos trabalhadores.*

*Seu escritório, cercado por grandes arquivos e equipamentos para exames laboratoriais, está sempre com as portas abertas: sobre a escrivaninha, além das pilhas de papéis e dos resultados dos exames a serem enviados às empresas que os solicitaram, há sempre um jornal. Esther o compra na banca todas as manhãs e lê as notícias durante alguma pausa no trabalho. Naquela dia, a seção internacional traz uma matéria sobre a execução, na prisão de Sing Sing, de Julius e Ethel Rosenberg, mortos na cadeira elétrica depois de terem sido condenados à morte dois anos antes, acusados de serem espiões da União Soviética. De acordo com o juiz, o casal teria entregado aos soviéticos informações ultrassecretas sobre as armas nucleares.*

*— Jorge, escute isso — diz Esther, para chamar a atenção do menino. E começa a ler o artigo em voz alta. — Tiveram que dar mais choques elétricos do que o esperado na pobre mulher, porque*

*ela não morria... Esses são os efeitos da Guerra Fria, ou melhor, os efeitos mais cruéis do macarthismo — acrescenta ela.*

*Aquela palavra, macarthismo, não é nova para Jorge. Já a ouviu de alguns professores, que comentavam sobre um antigo cartum de Herbert Block, publicado em 1950 no* Washington Post *e famoso no mundo todo, no qual o termo foi usado pela primeira.*

*Na verdade, naqueles anos, os Estados Unidos viviam em um clima crescente de tensão social devido a uma comissão dirigida pelo senador Joseph McCarthy, criada para descobrir atividades antiamericanas realizadas por supostos comunistas, homens e mulheres que, por sua ideologia, poderiam minar os alicerces da sociedade norte-americana. Artistas, jornalistas, escritores, homens e mulheres dedicados à cultura, membros do exército e funcionários do governo acabavam na mira. Falava-se de caça às bruxas, o medo vermelho parecia dominante, enquanto os dois blocos, o americano e o soviético, distanciavam-se cada vez mais. Nesse cenário, a Argentina peronista dos descamisados vivia um período de distanciamento da histórica influência norte-americana, decidindo não fazer parte dos aliados na Guerra Fria e anunciando uma terceira posição: nem com os capitalistas, nem com os comunistas.*

Era um período muito *quente* do ponto de vista da política internacional, pois a Guerra Fria afetava o bolso de muita gente, o que desencadeava declarações públicas bastante provocativas, protestos, suspeitas, até retaliações. Lembro-me de ver várias charges satíricas nos jornais argentinos, tanto sobre a União Soviética quanto sobre os Estados Unidos, dois gigantes que empreendiam uma guerra subterrânea, aparentemente desarmada, mas com ameaças e atividade de espionagem.

Também se falava sobre a luta para assumir o poder na União Soviética depois da morte de Stalin, episódio que ainda recordo nitidamente: havia quem falasse de libertação e quem, ao contrário, vivia aquele momento com enorme tristeza. Os nostálgicos stalinistas! Lembro aquele triste caso do casal Rosenberg, ocorrido nesse clima de suspeita, do macarthismo, com a procura de possíveis espiões comunistas no território americano.

Lembro que até o papa, na época era Pio XII, pediu por mensagem que o casal fosse poupado da condenação à morte. Para a Igreja, tudo o que aconteceu e acontece ainda hoje em tantos países do mundo é inadmissível! Para quem recebe uma condenação, deve sempre haver um fio de esperança; a pena capital, ao contrário, é a vingança da justiça. Até o último instante, uma pessoa pode se redimir, pode mudar, mas essa prática não permite tal possibilidade, destrói o que recebemos de mais importante do Nosso Senhor: a vida. E me pergunto: quem são essas pessoas que acham que podem decidir tirar a vida de outras? Talvez queiram ocupar o lugar de Deus! Desejo reiterar que hoje, mais do que nunca, é preciso uma mobilização espiritual coletiva de todos os cristãos para apoiar concretamente as associações que têm lutado todo dia pela abolição da pena de morte. Precisamos nos unir contra isso!

Na sociedade argentina dos anos 1950, debatia-se pouco o macarthismo americano. Ouvíamos a respeito apenas em crônicas nos jornais ou em alguns debates televisivos, porque já tínhamos nossas questões internas para resolver. Naquele tempo, embora também me dedicasse a leituras políticas, eu tinha, como os outros jovens da minha idade, outras preocupações na cabeça, como encontrar os amigos, procurar livros em promoção ou praticar esporte. Porém, posso dizer que a história dos Rosenberg, assim como esse fenômeno social dos Estados Unidos, foram-me muito bem explicados por Esther, que era minha chefe no laboratório: uma mulher formidável, eu lhe devo muito. Ela era uma verdadeira comunista, ateia mas respeitosa. Embora tivesse suas ideias, nunca atacava a minha fé, nem mesmo quando falava em privado com alguma amiga. E me ensinou muito sobre política. Naquela época, ela me emprestava publicações, inclusive as do Partido Comunista, *Nuestra Palabra* e *Propósitos*, e me apaixonei pelos artigos de Leónidas Barletta, um escritor e dramaturgo argentino, figura de destaque da esquerda independente. No entanto, nunca abracei a ideologia comunista: aquelas eram leituras que alimentavam um plano intelectual, e também uma forma de conhecer o mundo de onde vinha Esther.

A esse respeito, depois que fui eleito papa, houve quem dissesse que falo muito dos pobres porque devo ser um comunista ou marxista. Além disso, um amigo cardeal certa vez me contou que uma senhora, boa católica, disse-lhe estar convencida de que o Papa Francisco fosse o antipapa. O motivo? Porque não uso os sapatos vermelhos! Mas falar dos pobres não significa ser, automaticamente, comunista: os pobres são a bandeira do Evangelho e estão no coração de Jesus! A pobreza não tem ideologia, a Igreja não tem e não pode ter ideologias, não é um parlamento, como repito sempre! Não se pode reduzir tudo a facções de direita ou esquerda. Tomemos, por exemplo, os Atos dos Apóstolos, capítulo 4, versículo 32, onde se lê que "da multidão dos que creram, uma era a mente e um o coração; ninguém considerava unicamente sua coisa alguma que possuísse, mas tudo lhes era comum". Isso mesmo: nas primeiras comunidades cristãs, a propriedade era compartilhada. Isso não é comunismo, é cristianismo no estado mais puro!

De volta a Esther, ela me dizia, a respeito do macarthismo, que era preciso ter lucidez e sabedoria para discernir e entender por que se falava de *perigo comunista* para a democracia americana. O espectro comunista era uma agitação instrumental? Ou havia de fato o perigo de que os segredos de Estado fossem vazados? Essas eram perguntas que, na época, muitos se faziam.

Muitos anos depois daquelas nossas conversas, Esther começou uma luta dolorosa, fundando, com outras duas mulheres, a associação das Mães da Praça de Maio, que reunia as desesperadas mães dos desaparecidos. Ela estabeleceu a sede desse grupo no bairro de San Cristóbal, na paróquia de Santa Cruz, onde hoje essa minha amiga querida está sepultada. Mas falarei disso mais adiante.

Amiga querida, mas que também me deu muitos puxões de orelha! No trabalho, era extremamente precisa: se eu levava muito depressa os resultados de uma análise, ela se enchia de suspeitas e pedia que a repetisse. Ou então, se eu deixava de fazer algum teste porque considerava inútil, ela insistia para que eu o fizesse, repreendendo-me:

— Jorge, as coisas devem ser feitas com atenção!

Era muito importante para ela que fôssemos todos sérios e meticulosos.

Na verdade, eu estava habituado. Antes de começar a prática naquele laboratório, eu tinha trabalhado, por todo o verão de 1950, na limpeza da tinturaria onde meu pai era contador. Depois, de vez em quando, fazia alguns pequenos trabalhos de secretariado. Naquela época, também passava muito tempo na casa dos meus avós maternos, Maria e Francesco, na *calle* Quintino Bocayuva, e com frequência eu via Dom Enrico Pozzoli no almoço. Momentos lindos!

Por fim, aqueles anos, os 1950, foram os mais importantes da minha vida. Naquela década, tive a experiência do trabalho, do amor, de escapar da morte por um triz e da vocação sacerdotal. Essa última chegou de repente, em um dia estranho no início da primavera.

*O inverno voou em meio aos estudos e às aulas. Chegou a primavera. Segunda-feira, 21 de setembro de 1953, Buenos Aires acordou imersa em um clima de alegria pelo início dessa bela estação, os alunos das escolas combinando de se encontrar na festa do estudante, que, todos os anos, coincide com a chegada do bom tempo.*

*Embora ainda não sejam 8 horas, Jorge se apressa, já está se prepa-rando para sair; quer colocar o terno que a mãe passou porque é um dia especial: marcou de encontrar com alguns amigos na estação de Flores, e dali se juntarão a outros colegas para festejar com um piquenique fora da cidade.*

*O pai, Mario, saiu cedo. Foi acompanhar María Elena, a menor da família, à creche. Antes de se despedir, ligou o rádio, como fazia todas as manhãs. Há algum tempo, com o adven-to da televisão, a qualidade dos programas piorou um pouco. Os históricos narradores radiofônicos se transferiram para a TV, mas na casa dos Bergoglio a tradição permaneceu intac-ta, em especial porque Mario, além de amar a música clássica transmitida pela manhã, ainda não tem condições de comprar aquele novo eletrodoméstico que há dois anos já transmite para todo o país.*

*Algumas semanas antes daquela segunda-feira festiva, os no-ticiários televisivos, assim como os jornais e as rádios, narraram o fim da guerra da Coreia, ocorrida em julho, e depois a eleição, em 7 de setembro de 1953, de Nikita Khrushchev como primeiro secretário do Partido Comunista da União Soviética; para mui-tos, depois dos anos dramáticos do stalinismo, aquela eleição só significa uma coisa: o fim da Guerra Fria. Outros, porém, acre-ditam que seja apenas um parêntese, e estão convencidos de que* será preciso tempo antes que se possa abandonar aquela lógica que vê o mundo dividido em dois blocos.

Jorge, que graças a Esther se apaixonou por leituras políticas, sempre que está em casa acompanha atentamente essas notícias, a fim de discutir o assunto com ela e ouvir sua opinião. Procura, então, manter-se o mais informado possível para entender os movimentos do mundo. Também discute o assunto com seu grupo de amigos, alguns dos quais trabalham com ele no laboratório químico. Mesmo quando se encontram de noite para dançar tango ou rock, entre uma e outra partida de bilhar, falam do comunismo, do peronismo, do capitalismo americano. A Guerra Fria e seus efeitos sobre a economia mundial, naqueles anos, estão entre os temas mais discutidos por aquele grupo de adolescentes.

Mas, como é natural, também há outros interesses: a coleção de selos de Jorge cresceu bastante, ele frequenta a Ação Católica na paróquia, gosta cada vez mais de escutar ópera no rádio e também os noticiários esportivos, para saber as últimas novidades sobre o San Lorenzo de Almagro. Ele e o pai são verdadeiros fanáticos torcedores! Porém, não se pode desperdiçar aquele dia de início de primavera com notícias de rádio: os amigos o esperam na estação.

Ao ler os jornais e escutar os noticiários no rádio, percebia-se muito bem que, com a eleição do novo secretário do Partido Comunista da União Soviética, seria iniciada uma fase de degelo entre Estados Unidos e URSS. Mas, ao mesmo tempo, aqueles seriam anos de competição nos planos tecnológico e industrial e, sobretudo, na corrida para a conquista do espaço. Enquanto os Estados Unidos tinham um novo presidente republicano, Dwight Eisenhower, na União Soviética vivia-se o fim do período de punho de ferro de Stalin, e com Khrushchev se iniciara uma época mais pacífica. Os dois grandes blocos haviam entendido como conviver e evitar a guerra: na prática, aceitavam-se tacitamente, permanecendo em suas posições, cada qual convencido de que as coisas andariam de forma natural ao próprio favor. O mais importante é que, naquele período histórico, até a crise dos mísseis de Cuba em 1962, ficou claro que utilizar armas atômicas não resolveria nenhuma divergência. Hoje, ao contrário, a miopia humana parece ter reaberto aquele clima da Guerra Fria, paradoxalmente. Talvez tenhamos nos esquecido de que, por décadas, o mundo viveu em suspenso, à beira de uma crise devastadora. Nós nos salvamos por muito pouco! Apesar disso, ainda hoje se evoca a ameaça de guerra nuclear, lançando no mundo angústia e desconforto.

A esse respeito, é importante ler o que disse o Papa João XXIII: "E se é difícil convencer-nos de que existem pessoas capazes de assumir a responsabilidade pela destruição e dor que uma guerra causaria, não é impossível que um evento imprevisível e incontrolável possa desencadear a faísca que colocaria a máquina de guerra em movimento". Não podemos esquecer que, sob a ameaça das armas nucleares, todos somos perdedores, não há saída!

Minhas lembranças retornam àquele dia, 21 de setembro de 1953: eu tinha saído de casa com pressa, precisava encontrar meus amigos na estação para ir à festa do estudante. Passei em frente à basílica de San José de Flores, a mesma que frequentava desde pequeno, e de repente senti a necessidade de entrar e saudar o Senhor. Depois de rezar de joelhos, começou a crescer em meu íntimo o desejo de confessar-me. Eu costumava fazer isso em Almagro, na basílica de Maria Auxiliadora, com os *gigantes* do confessionário, que defino assim porque tinham uma capacidade única de escutar e eram verdadeiras testemunhas da misericórdia: padre Scandroglio, que sempre me dava um pouco de medo, padre Montaldo ou padre Punto. Ali, em San José de Flores, naquele dia, estava um padre que eu nunca vira, um tal padre Carlos Duarte Ibarra, originalmente de Corrientes. Ele me contou que estava em Buenos Aires para tratar uma terrível leucemia; infelizmente, ele morreria no ano seguinte.

Durante aquela confissão, algo estranho aconteceu, que mudou para sempre a minha vida: eu estava maravilhado por ter encontrado Deus subitamente; Ele estava lá me esperando, antecipou-se a mim. Confessando com aquele padre, senti-me acolhido pela misericórdia do Senhor. *"Miserando atque eligendo"*, olhou-o com misericórdia e o escolheu, lê-se na *Homilia 21* do monge inglês São Beda, o Venerável, quando descreve o episódio do Evangelho que narra a vocação de Mateus, o publicano que Jesus escolhe, convidando-o a segui-lo. A meditação é proposta no Ofício de Leituras para a festa litúrgica de São Mateus evangelista, que acontece em 21 de setembro. Essa frase, não por acaso, tornou-se o meu lema episcopal e ainda hoje se destaca no meu brasão como papa. Deus é quem se antecipa sempre: quando cometemos pecado, é Ele quem nos espera para nos perdoar, nos acolher, nos dar Seu amor. E assim a fé cresce cada vez mais. Posso dizer que, naquele dia, *caí por terra*, como narrado por São Paulo de Tarso nos Atos dos Apóstolos, quando recebeu o chamado do Senhor.

Mais do que um piquenique com os amigos! Eu estava vivendo o momento mais bonito da minha vida, estava me entregando totalmente nas mãos de Deus! Fiquei emocionado e senti necessidade de correr para casa e ficar sozinho, em silêncio. E fiquei lá por um bom tempo.

Não por acaso, por dois anos não falei com ninguém da minha família sobre meu chamado ao sacerdócio, até pegar meu diploma. Então chegara o momento de escolher a universidade; já estávamos em 1955, e o único a saber era padre Duarte, que me acompanhou ao longo de um intenso caminho de fé, até sua morte. A princípio, não falei nem mesmo com meus colegas de escola. No grupo mais próximo, éramos dez e, por brincadeira, nós nos chamávamos os dez *muchachos*. Organizávamos com frequência noitadas em um clube do bairro Chacarita: jogávamos bilhar, discutíamos questões políticas e dançávamos tango. Eu gostava muito da orquestra de Juan d'Arienzo, e também dos cantores Julio Sosa e Ada Falcón, que depois de vários problemas amorosos se tornou freira e foi morar em um vilarejo na província de Córdoba.

Então, chegou o momento de conversar com meu pai. Tomei coragem e lhe contei. Ele ficou contente. Mas eu tinha medo de dizer a minha mãe, sabia que ela não aceitaria minha escolha, e por isso inventei que estudaria Medicina. Um dia, porém, enquanto limpava a casa, ela descobriu que minha escrivaninha estava cheia de livros de Teologia e Filosofia. Diante da reprimenda por aquela mentira, eu lhe respondi, sorrindo:

— Estou mesmo estudando Medicina, mãe, a Medicina da alma!

Ela não reagiu bem, e meu pai a chamou para conversar a fim de tranquilizá-la. Depois, ela voltou para falar comigo:

— Não sei, não vejo você nisso, Jorge, você já é grande, tenta terminar a universidade e depois você decide...

É claro que, para o seu primogênito, ela sonhava um futuro como médico!

Mas vó Rosa ficou muito feliz. Ainda me lembro de suas palavras doces, cheias de misericórdia:

— Lembre-se, Jorge, de que a porta de casa sempre vai estar aberta, ninguém vai te repreender se um dia decidir voltar para casa. Mas se Deus te chama, vai, bendito seja!

Assim, graças também à orientação espiritual de Dom Enrico Pozzoli, que teve uma longa conversa com meus pais durante a festa de 20 anos de casamento deles, fiz minha escolha e, aos 19 anos, acompanhado por aquele bom salesiano, entrei no seminário arquidiocesano de Villa Devoto. Ali, foi-me confiado o trabalho de ocupar-me dos seminaristas mais jovens; entre eles havia um menino de 12 anos,

Leonardo Sandri, filho de imigrantes trentinos e que mais tarde encontrei no Vaticano como cardeal.

Durante aquele ano de seminário, também tive uma pequena paixão. É normal, ou não seríamos seres humanos. Eu já tinha tido uma namorada antes, uma menina muito doce que trabalhava no mundo do cinema e que depois casou-se e teve filhos; daquela vez, eu estava no casamento de um dos meus tios e fiquei encantado por uma garota. Ela virou minha cabeça com sua beleza e inteligência. Por uma semana, fiquei com sua imagem na mente, e foi difícil conseguir rezar! Depois, felizmente, passou, e me dediquei de corpo e alma à minha vocação.

Até a próxima provação: era agosto de 1957, meus avós estavam prestes a comemorar 50 anos de casamento, mas dias antes todos no seminário pegaram gripe. Também fui contaminado, porém, enquanto meus colegas se curavam e saíam, eu continuava preso no quarto, porque a febre não cedia. Então um dia eu piorei: minha temperatura corporal estava altíssima, e o reitor, assustado, levou-me correndo ao Hospital Sirio Libanés. Fui diagnosticado com uma séria infecção, e naquele dia tiraram um litro de líquido dos meus pulmões. Quem me acompanhou foi uma enfermeira italiana a quem devo a vida: freira Cornelia Caraglio, da ordem dominicana. Ela percebeu que as doses de penicilina que os médicos me prescreveram estavam baixas demais e administrou a dose correta para o meu problema, o que me salvou. Além disso, todos os dias vinham colegas do seminário, com o mesmo tipo sanguíneo que o meu, para me doar sangue. Eu tinha muitos anjos da guarda por perto!

A recuperação foi longa. Eu ficava muito tempo em silêncio. Pensava no que poderia acontecer comigo, rezava a Nossa Senhora e, de certa maneira, também me preparava para a morte. Não se podia descartar esse risco. Minha mãe, sempre que ia me visitar, caía em prantos, outros tentavam me consolar... Depois, em novembro do mesmo ano, tiraram o lobo superior do meu pulmão direito, onde três cistos haviam se formado; uma intervenção cirúrgica com as técnicas daquele tempo: você pode imaginar o tamanho dos cortes e quanto sofri.

Quando saí do hospital, tomei a decisão de deixar o seminário arquidiocesano para entrar em uma ordem religiosa, os jesuítas: eu me sentia muito atraído pela vocação missionária e gostava da disciplina que seguiam. Eles me admitiriam no seminário em março, mas ainda era novembro e o verão estava para começar. Graças a Dom Enrico Pozzoli, passei um mês com os jovens clérigos em uma residência nas montanhas, Villa Don Bosco, em Tandil, rodeado de vegetação. Dom Pozzoli nunca tentou me convencer a entrar naquela congregação: não fazia proselitismo, respeitava minha escolha.

Foi assim que, em 11 de março de 1958, entrei na Companhia de Jesus. Foram longos anos de estudos, primeiro na Argentina e em uma missão no Chile, depois como professor em Santa Fé, no colégio da Imaculada Conceição, e em Buenos Aires, no Colégio Del Salvador: já estávamos em meados dos anos 1960, e eu estava lá como *maestrillo*, ou estagiário, e, devido à minha pouca idade, nem 30 anos, os alunos me apelidaram de *carucha*, "cara de bebê". Eram rapazes muito criativos!

Nessas escolas, ensinei Literatura e Psicologia para alunos muito curiosos, e às vezes um pouco rebeldes. Certa vez, um aluno chamado Roberto deu um tapa em um menino menor durante um jogo de futebol. Foi uma coisa séria, mas, em vez de lhe dar um castigo imediato, pensei em uma lição diferente: marquei um dia e horário para que ele fosse à aula e, quando ele apareceu, encontrou dez dos seus colegas sentados em círculo, esperando junto comigo. Pedi que ele explicasse a cada um o que havia acontecido e o motivo daquele gesto. Alguns amigos o consolaram, outros lhe deram conselhos, outros riram, o que fingi não ver. Então, aquela "comissão estudantil" especial decidiu a punição: um pedido imediato de desculpas ao menino que levara o tapa e duas semanas de suspensão das atividades esportivas. Meu gesto tinha uma intenção dupla: por um lado, foram os próprios alunos, e não os professores, que apontaram o comportamento incorreto; por outro lado, com essa ideia, os meninos vivenciaram o significado da palavra "comunidade".

Ainda no colégio de Santa Fé, também me recordo de outro aluno, Jorge Milia, que cresceu e se tornou advogado, e hoje também é escritor e jornalista. Ele não entregou um trabalho de Literatura a tempo e, por isso, foi reprovado. Depois, fez uma prova de recuperação brilhante diante de uma comissão formada por mim e mais dois irmãos. Ele teria merecido um 10, mas, seguindo minha proposta, decidimos lhe dar um 9. Eu disse a ele:

— A prova merece 10, mas você vai levar um 9 para não esquecer os anos que passou neste colégio.

E acho que o coitado do Jorge se lembra disso até hoje! Mantivemos contato: mudou-se para Maiorca e, de vez em quando, vem me visitar no Vaticano.

Havia tanto entusiasmo entre aqueles jovens prestes a entrar na universidade: foi nessa época que o fenômeno dos Beatles, um grupo de rock que eu ainda não conhecia, também chegou à nossa região, vindo da Europa. Era 1965, e um dia um pequeno grupo de estudantes que queriam montar uma banda para imitar aqueles artistas britânicos bateu à minha porta. Eles não tinham espaço nem meios para compor o quarteto, mas me mostraram um disco com uma foto do grupo de Liverpool. Ao vê-los com cabelos compridos, fiz uma piada:

— Vocês também querem usar os cabelos compridos?

Aí fizemos um pacto: eles trabalhariam duro, e eu os apoiaria. Com algum esforço, consegui arranjar uma sala para os ensaios semanais, os equipamentos de áudio (microfones e alto-falantes) que o diretor da escola costumava usar e um tradutor, um dos nossos alunos que ouviria os discos dos Beatles e traduziria as letras das músicas para o espanhol. Encorajei esses jovens a se apresentarem para seus colegas de classe, embora esses não tenham sido eventos muito afortunados, pois tivemos alguns percalços com o amplificador, que não funcionou! Depois das provas do último ano, infelizmente, cada um seguiu seu caminho até a universidade e o grupo se desfez, mas foi uma boa experiência e, acima de tudo, mais uma oportunidade de construir o sentido de comunidade!

Devo dizer que eram todos garotos muito atentos, principalmente os que cursavam os dois últimos anos do ensino médio: durante as aulas de História da Literatura Espanhola e Argentina, tentei incentivá-los na escrita criativa e expliquei-lhes que era preciso distinguir o que os livros escolares diziam do que os autores diziam. Por isso, organizei vários encontros em sala de aula com alguns escritores: María Esther Vázquez veio nos visitar. Ela tinha um programa sobre literatura na rádio e colaborava com Jorge Luis Borges, com quem havia escrito alguns livros. Um tempo depois, recebemos o próprio Borges, que realizou uma série de encontros memoráveis. Convidei também a jovem María Esther de Miguel, autora do best-seller argentino *Los que comimos a Solís*, que impressionou muito as crianças com suas palavras e também com sua beleza!

Para os alunos, essas experiências formativas foram muito importantes, assim como para mim, que, passo a passo, me preparava para a ordenação sacerdotal em 1969.

# V

# O POUSO NA LUA

O POUSO NA LUA

*Apesar da hora tardia, as luzes do Colégio Máximo de San José ainda estão acesas. O enorme edifício com tijolos aparentes da década de 1930, imerso em 36 hectares de vegetação em San Miguel, 50 quilômetros a noroeste do centro de Buenos Aires, hospeda os seminaristas da Companhia de Jesus, estudantes de Filosofia e Teologia, que estão reunidos para acompanhar uma ocasião especial pela televisão.*

*São quase 22 horas de domingo, 20 de julho de 1969. Lá fora faz muito frio, e poucas pessoas estão na rua; alguns estão em casa curtindo o espetáculo, sentados em uma poltrona ao lado de uma lareira, outros estão na casa de um amigo ou assistem de algum bar ainda aberto. A sala de TV do instituto dos jesuítas é* muito simples: cerca de 40 cadeiras, um crucifixo pendurado na parede branca, enormes cortinas verdes que chegam ao chão. No centro, em posição de destaque, um televisor de dimensões medianas. Todos os lugares estão ocupados, e o reitor deu permissão aos estudantes para permanecerem acordados e acompanharem a histórica transmissão, ao vivo, do pouso na Lua. Mas o aquecimento, como sempre àquela hora, já foi desligado.

O jovem Jorge também está sentado naquela sala; a TV, um dos quase dois milhões de aparelhos em operação na Argentina, foi sintonizada no Canal 13: o noticiário Telenoche enviou a famosa apresentadora Mónica Cahen D'Anvers ao Centro Espacial Kennedy, no Cabo Canaveral, Estados Unidos, o centro de operações da Nasa de onde decolou o foguete Saturno V, da missão Apollo 11, com os astronautas Neil Armstrong, Buzz Aldrin e Michael Collins a bordo. É um acontecimento histórico para o mundo todo, e para a Argentina ainda mais, porque, pela primeira vez, o país recebe uma transmissão ao vivo por meio de uma novíssima estação de satélite, instalada na cidade de Balcarce, um pequeno centro isolado em meio à vegetação, a sudeste da capital.

Os ponteiros do relógio já marcam 22h50. A emoção de assistir àquele momento histórico e poder dizer "eu estava lá" mantém todos acordados, jovens e velhos. Apesar disso, Jorge Mario Bergoglio, aos 32 anos, teria preferido estar fechado em seu quarto àquela hora, enfiado na cama: em menos de cinco meses, será, enfim, ordenado sacerdote, e de noite prefere permanecer em silêncio, em oração, a fim de se preparar para aquele grande acontecimento de sua vida. Na verdade, nos dias que precederam sua ordenação, durante um momento de grande intensidade espiritual, escreveu de próprio punho uma profissão de fé. Além disso, tem algumas cartas para responder, entre as quais a de um ex-aluno do colégio de Santa Fé; um livro de poesia de Friedrich Hölderlin na cabeceira; anotações para reler. E, de manhã, gosta de acordar muito cedo.

Contudo, ver o homem pôr os pés na Lua não é algo que se repetirá. Não por acaso, os principais jornais do país, que chegaram às bancas naquela mesma manhã, estamparam na primeira página manchetes em letras garrafais dedicadas ao pouso na Lua. Não se escuta nem mesmo uma mosca voar entre os seminaristas, nem mesmo entre os mais falastrões. Todos estão em silêncio, acompanhando as palavras da correspondente, nos Estados Unidos, e do comentarista no estúdio, em Buenos Aires.


Foi uma noite realmente inesquecível! Estávamos todos diante da tela na sala de TV, acompanhando aquelas imagens que chegavam de tão longe. Na verdade, não podíamos perder aquele evento, sobretudo porque tínhamos a sorte de ter um televisor no colégio, o que naquela época era quase um luxo. Embora fosse uma transmissão em preto e branco, a qualidade das imagens estava muito boa. Foi impressionante ver os passos de Neil Armstrong na poeira, com o comentarista da TV argentina traduzindo, de forma simultânea, os comentários em inglês da CBS, o canal americano que fornecia a transmissão. A certa altura, foi traduzida para o espanhol a frase do astronauta que, depois, permaneceu na história: "Este é um pequeno passo para o homem, mas um salto gigantesco para a humanidade". Que emoção!

Alguns dos rapazes tinham ligado a TV às 15 horas, quando se iniciara a transmissão ao vivo. E a programação continuou até tarde da noite, uma maratona ininterrupta: basta pensar que Armstrong só pôs o pé em solo lunar seis horas depois do pouso, quando já eram quase 23 horas na Argentina, e todos permaneciam ali segurando a respiração. Naquele dia, eu tinha muito a fazer, por isso só cheguei à sala por volta das 22 horas, quando já estavam prestes a desembarcar. No instante em que o astronauta pôs o pé na Lua e, pouco depois, quando fincou, com o colega Aldrin, a bandeira norte-americana em solo lunar, todos permanecemos de boca aberta e olhamos as horas para lembrar sempre daquele momento. Parecia inacreditável!

No entanto, na Argentina, os dias anteriores tinham sido marcados por uma controvérsia amarga, pois um defeito no satélite impediu que, em 16 de julho, se acompanhasse o lançamento do foguete ao espaço — o início da missão Apollo 11. Por isso, naquela noite havia uma imensa expectativa, mas também um temor de que a transmissão fosse interrompida na melhor parte.

Na instituição, como em todo lugar, não faltaram estraga-prazeres que, com uma pitada de polêmica durante a transmissão ao vivo, começaram a dizer: "Acredite, é tudo mentira, são filmagens feitas em um teatro!". Fora aberta uma discussão sobre o que o progresso tecnológico podia fazer ou não; por sorte, um dos superiores interveio prontamente, fazendo calar quem estava falando: era um momento importante demais para ser estragado dessa maneira. Contudo, naquela noite, creio que todos entendemos, sem exceção, que o mundo mudaria de alguma forma.

O progresso é fundamental — é necessário avançar sempre —, mas deve estar em harmonia com a capacidade do ser humano de geri-lo. Se não há harmonia e o progresso avança independentemente disso, ele se transforma em algo inumano, que não se pode controlar. Hoje, como naquela época, isso ocorre, por exemplo, com a inteligência artificial, cada vez mais presente na vida de todos e que, se utilizada da forma errada ou para cometer crimes, pode ser um grande perigo. Pensemos nas *fake news*, que encontram apoio em provas falsas, habilmente criadas a partir desses novos instrumentos tecnológicos. Isso só pode suscitar reflexões e abrir questões inéditas: é necessária uma abordagem ética para essas novas realidades; por esse motivo, no passado, falei de *algor-ética*, um novo campo de estudo útil para questionar os processos de interação entre os seres humanos e as máquinas, para garantir que sempre ocorram no perímetro do respeito à pessoa.

Vendo as imagens do homem na Lua, ficamos maravilhados; reunidos em comunidade, nós nos sentíamos pequenos diante da grandeza do que estava acontecendo. E o mesmo acontece quando pensamos no espaço: somos apenas uma pequena gota na infinitude do universo. Se algum dia se descobrir que há outras formas de vida lá fora, será apenas porque Deus quis! A existência e a inteligibilidade do universo não são fruto do caos ou do acaso, mas da Sabedoria divina, presente, como se lê no livro dos Provérbios, capítulo 8, versículo 22, "no princípio de seus caminhos, desde então, e antes de suas obras".

É preciso sempre perseverar na busca pela verdade, aceitar com humildade todas as novidades das descobertas científicas e não cometer os erros do passado: caminhando na direção dos limites do conhecimento humano, é possível viver uma experiência autêntica do Senhor, que é capaz de preencher os nossos corações.

Os princípios da *Doutrina social da Igreja* são nosso farol e nos oferecem uma contribuição decisiva: justiça, dignidade pessoal, subsidiariedade e solidariedade. É doloroso, porém, quando as novas descobertas tecnológicas ou científicas são empregadas com outros objetivos: pensemos na utilização das novas tecnologias na guerra, ou na exploração desses novos conhecimentos para criar embriões em proveta e depois eliminá-los, ou para depois recorrer à barriga de aluguel, uma prática inumana e cada vez mais difundida que ameaça a dignidade do homem e da mulher e trata as crianças como mercadorias.

Nesse sentido, precisamos sempre defender a vida humana, da concepção à morte; nunca me cansarei de dizer que o aborto é um homicídio, um ato criminoso; não há outras palavras: significa descartar, eliminar uma vida humana que não tem culpa. É uma derrota para quem o pratica e para quem se torna cúmplice: matadores de aluguel, bandidos!

Chega de abortos, por favor! É fundamental defender e promover a objeção de consciência. Como ajudar essas mulheres? Com proximidade e acolhimento, para que não façam a escolha drástica do aborto, que decerto não é a solução para seus problemas. É preciso que as pessoas entendam que a vida é sacra, um dom recebido de Deus, e não pode ser jogada fora assim. Enquanto eu tiver voz, vou gritar, como faço nos meus discursos e nas minhas homilias desde o longínquo ano de 1969, ano da minha ordenação sacerdotal e da chegada do homem à Lua.

*Depois daquela noite histórica, o mundo não fala de outra coisa. O pouso na Lua é o assunto do momento, a América está em festa, Armstrong e Aldrin, junto ao colega Michael Collins — piloto do módulo de comando Columbia da missão Apollo 11 —, são os novos heróis: as crianças sonham em ser como eles, a rádio e a televisão transmitem edições especiais em que as várias teorias são apresentadas, incluindo as conspiratórias.*

*Depois do pouso na Lua, agora o mundo está com a atenção voltada para o retorno à Terra dos três homens do espaço, que ficaram cerca de duas horas e meia sobre o solo lunar, fora da espaçonave. Jorge está curioso para ouvir os comentários dos familiares,* por isso, na manhã seguinte, fala ao telefone com a mãe e a avó para saber se acompanharam a transmissão. De fato, as duas também tinham ficado diante da TV. Emocionadas e ainda incrédulas.

São os mesmos sentimentos que dominam muitos dos colegas do jovem Bergoglio. No instituto, discute-se com muita atenção o acontecimento, e o reitor fixou num dos quadros de aviso o texto da mensagem que o papa, Paulo VI, pronunciou na noite anterior no Observatório Astronômico do Vaticano, em Castel Gandolfo. Depois de olhar a Lua pelo telescópio, ele acompanhou a transmissão televisiva ao lado do padre Daniel O'Connell, diretor do observatório. "Daqui, do Observatório Astronômico em Castel Gandolfo, próximo de Roma, o Papa Paulo VI dirige-se a vós, astronautas. Honra, saudação e bênção a vós, conquistadores da Lua, luz pálida das nossas noites e dos nossos sonhos! Levem-lhe, com a vossa presença viva, a voz do espírito, o hino a Deus, nosso Criador e nosso Pai."

No refeitório, durante o almoço, comenta-se as palavras do pontífice e as imagens da TV. Ninguém fala de futebol, e não estão presentes nem mesmo disputas filosóficas ou teológicas: em foco, a corrida espacial, a conquista americana e as reações da Igreja e do mundo, incluindo a da União Soviética.

— Jorge, você viajaria para a Lua? — pergunta, brincando, o colega a seu lado, Andrés, ao lhe passar o prato com os tortellini com caldo de carne.

— Ah, não, estou muito bem aqui! Tenho um compromisso importante em alguns meses, sabe? — responde Bergoglio com um sorriso nos lábios.

— Enfim o nosso Jorge se tornará padre! Mas quem sabe onde vão te mandar para o terceiro período de estágio, antes da profissão perpétua! — acrescenta outro estudante, Francisco, sentado em frente.

— O Senhor sabe! Vamos falar da Lua agora, que é um assunto muito mais interessante — corta Jorge, servindo água a seu interlocutor.

Não se falava de outra coisa. E foi assim por meses: a minha preparação para a ordenação sacerdotal foi decerto acompanhada pela oração diante do sacrário, vivida como uma experiência de entrega incondicional ao Senhor, mas também por conversas frequentes e pelas notícias sobre a nova fronteira espacial inaugurada pelos norte-americanos.

Após retornarem à Terra, os três astronautas foram mantidos em quarentena, e lembro que, no fim desse período, em meados de agosto, receberam uma homenagem do presidente Nixon e foram celebrados em Nova York, Chicago e Los Angeles com desfiles nas ruas. Na metade de outubro de 1969, também foram ao Vaticano, sendo recebidos pelo papa. Naquele dia, as palavras de Paulo VI me emocionaram muito. Dirigindo-se aos três astronautas, ele disse que o homem tem uma tendência natural a explorar o desconhecido, conhecer o mistério; apesar disso, também tem medo dele. E acrescentou que, com a coragem deles, tinham sido capazes de superar aquele medo, permitindo que o homem desse outro passo na direção de uma maior compreensão do universo.

Devo admitir que, inconscientemente, eu também vivenciava um pouco de medo naqueles dias, pois estava prestes a acontecer algo importante: me tornar sacerdote. Não sabia o que aconteceria depois. É humano! Assim, com aquelas palavras de Paulo VI impressas em minha mente, refleti muito sobre o tema do medo e pensei em Jesus, que sempre dizia aos seus seguidores para não temerem. Se estamos com Deus e amamos os nossos irmãos e as nossas irmãs, então o amor triunfa, e esse sentimento, como se lê no Evangelho de João, afugenta o medo.

Pensemos nas grandes religiões: elas não ensinam a temer ou dividir. Ensinam harmonia, união, tolerância. O medo paralisa as relações humanas, ameaça a fé, alimenta a desconfiança em relação ao outro, ao desconhecido, ao diferente. Alguém poderá rebater: "Mas o que posso fazer?

Tenho medo, é mais forte do que eu!". Então, é preciso pedir a graça do Espírito Santo, que livra do medo e abre o coração. Nos dá a força para enfrentar as situações difíceis, mesmo as desconhecidas. É preciso muito pouco e faz bem, pois a permanência no estado do medo nos bloqueia em nós mesmos, à espera de que algo de ruim nos ocorra.

Depois, rezando intensamente e agradecendo ao Senhor por aquela graça que eu estava recebendo, enfim chegou o dia da ordenação: 13 de dezembro de 1969, quatro dias antes do meu aniversário de 33 anos. Todos os meus irmãos e minha mãe vieram ao instituto. Ao fim da celebração, minha mãe se ajoelhou e me pediu a bênção, e vó Rosa me olhava com os olhos cheios de amor e orgulho. Infelizmente meu pai já era falecido desde 1961. Morrera depois de três infartos: o primeiro, quando estava no estádio com meu irmão Alberto, e outros dois nos dias seguintes. Dom Enrico Pozzoli igualmente não estava presente: também nos deixara no mesmo ano de papai. Duas perdas imensas para mim naquele ano.

Minha avó estava convencida de que não chegaria viva a esse dia, por isso, dois anos antes, em 1967, me escrevera uma carta muito bonita, meio em italiano meio em castelhano, deixando instruções para que me fosse entregue no dia da ordenação, junto a seu presente, uma caixa com todo o necessário para a unção dos enfermos. Mas lá estava ela em minha ordenação! Ainda guardo com muito cuidado aquela breve carta, junto a seu testamento e a uma poesia de Nino Costa, *Rassa Nostrana* ["A nossa raça", em tradução livre], entre as páginas do meu breviário, que abro todas as manhãs.

Vó Rosa escreveu: "Nesse dia belíssimo, você pode ter entre tuas mãos consagradas o Cristo Salvador, e se abre para você um longo caminho rumo ao apostolado mais profundo. Por isso, dou-lhe este modesto presente, de pouco valor material, mas imenso valor espiritual".

Minha avó morreu cinco anos depois, em 1974, deixando como herança a todos os netos palavras belíssimas, que com frequência releio nos momentos mais difíceis, mesmo agora que sou papa. Escreveu: "Se um dia a dor, a doença ou a perda de uma pessoa querida os encher de aflição, lembrem-se sempre de que um suspiro no sacrário, onde é mantido o maior e mais augusto mártir, e um olhar para Maria aos pés da cruz podem fazer cair uma gota de bálsamo sobre as feridas mais profundas e dolorosas".

Uma mulher realmente extraordinária. Seu coração, como o de tantos idosos, foi para mim como uma fonte de onde brotou a água viva da fé que saciou minha sede. Ela transmitia o Evangelho por meio da ternura, do cuidado, da sabedoria. A fé nasce assim, é transmitida com um doce canto dialetal, em um clima de família, na língua natal. Os avôs e as avós são uma fonte preciosa da qual é preciso cuidar, devem ser salvaguardados, e não colocados em um asilo. Não podem ser considerados descartáveis, não podem ser tratados como um peso. Devemos tudo a eles: nos criaram, nos deram o pão — por vezes tirando-o da própria boca —, nos tornaram quem somos, sempre nos encorajando e sustentando.

Apesar disso, pode acontecer de, até nas melhores famílias, quando o avô ou a avó se torna desajeitado ou choroso pela idade, ser colocado numa casa de repouso e, ali, abandonado. Mas tenho certeza de que, mesmo esquecidos e deixados de lado, eles continuam a rezar pelos filhos ou pelos netos. Permanecem sempre do nosso lado, mesmo quando não estamos lá. Eu também, nos momentos difíceis, sinto a proximidade de minha avó, assim como a senti nos anos mais difíceis para a Argentina, aqueles mais obscuros da ditadura.

# VI

# O GOLPE DE VIDELA NA ARGENTINA

Um grupo de jovens padres sem batina entra e sai do instituto há mais de uma hora. Eles carregam para dentro grandes caixas, móveis, arquivos, livros e numerosos objetos sacros que antes vinham sendo utilizados na Cúria Provincial Jesuíta. Faz muito calor naquele 24 de março de 1976, o outono acaba de começar. Pelas ruas de San Miguel, na Grande Buenos Aires, vive-se a vida cotidiana, uma vida que se tornou silenciosa porque, há cerca de um ano, as pessoas se habituaram àquele clima de suspeita e de violência repentina que afetou diversos setores da sociedade.

Grupos paramilitares de extrema-direita semeiam o terror junto a expoentes do governo de Isabelita Perón. Alguns padres e bispos que trabalham diretamente com os pobres estão na mira, suspeitos de serem subversivos. Mas o maior alvo está fixado nas costas de quem defende, mais ou menos ativamente, a ideologia comunista.

O superior dos jesuítas argentinos, padre Bergoglio, de 39 anos, chamado para dirigir a província argentina da Companhia de Jesus há quase três anos, traz nas mãos uma caixa muito pesada, cheia de documentos: junto àquele disposto grupo de sacerdotes, está terminando a mudança dos escritórios da Cúria para o Colégio Máximo de San José, em San Miguel, onde padre Jorge estudou e depois começou a lecionar até se tornar reitor. Sua escolha de transferir para lá o quartel general dos jesuítas está relacionada ao desejo de equilibrar as contas e ao crescimento das vocações, que aumentam a cada ano. Bergoglio acredita que, como provincial, também deve estar em estreito contato com os formadores e com os novos membros da Companhia.

No entanto, o grupinho de jesuítas, ocupado em transferir as caixas do furgão para o interior do colégio, ignora o que está acontecendo naquele exato instante no coração de Buenos Aires: as forças armadas derrubaram o governo Perón e uma junta militar neoliberal chega ao poder. O general Jorge Rafael Videla lidera o golpe de Estado e pouco depois toma posse como presidente da Argentina, ladeado pelo chefe da Marinha, o almirante

*Emilio Massera, e pelo chefe da Aeronáutica, o general Orlando Ramón Agosti. Irrompe o caos: a Constituição é suspensa, o Parlamento, dissolvido, e a lei marcial é proclamada. A rádio e a televisão são ocupadas, os tanques saem às ruas. Basta a suspeita de ser um subversivo de esquerda, ou estar próximo aos ambientes populistas ou sindicais não alinhados, para ser sequestrado e depois torturado em segredo pelos militares, que andam pelas ruas a bordo de carros verdes sem placa — os famigerados Ford Falcon.*

*Durante o regime, milhares de pessoas somem, os desaparecidos são, em sua maioria, jovens que, depois de meses de torturas, são assassinados; muitos foram jogados de helicópteros ou aviões militares no oceano, que os engoliu ainda vivos, às vezes sob efeito de drogas — os chamados "voos da morte". Seus filhos são sequestrados e confiados a famílias próximas do regime. Muitas e muitas pessoas são forçadas a deixar o país, enquanto os prisioneiros políticos são executados: é a chamada "guerra suja".*

*Naquele dia quente de outono, algumas patrulhas do exército também chegam a San Miguel e cercam o colégio dos jesuítas. Padre Jorge não fica nem um pouco surpreso ao vê-las fazer a ronda ali perto. Ele sabe muito bem que os padres são vigiados porque muitos curas villeros, os sacerdotes que trabalham nas comunidades pobres, são considerados defensores da ideologia comunista e, por isso, uma ameaça ao "processo de reorganização nacional". Os militares notam um suspeito vaivém de caixas do furgão ao colégio, e logo decidem se aproximar.*

Estávamos fazendo a mudança da Cúria provincial para o Colégio Máximo com toda a tranquilidade, sem nunca imaginar que, naquele instante, o governo era derrubado pelos militares com um golpe que mudaria a face da Argentina. Aqueles militares, ao verem todas as caixas, aproximaram-se e começaram a fazer perguntas. Queriam entender o que estávamos fazendo, por que estávamos ali, o que havia naqueles pacotes...

Talvez, a princípio, tenham pensado que estivéssemos organizando uma fuga, ou que queríamos sumir com alguma coisa comprometedora em virtude da notícia da mudança de governo. Mas nós realmente não sabíamos de nada daquilo, só estávamos fazendo nosso trabalho com serenidade. Expliquei ao chefe da patrulha que era o provincial dos jesuítas e que fazíamos uma mudança banal; eles se convenceram depois de vários minutos e, por sorte, foram embora. Não foi um período fácil, o risco estava sempre à espreita na esquina, e eu sabia muito bem que havia uma perseguição a alguns setores da Igreja, enquanto outros — os que tinham se aliado ao regime — gozavam de total liberdade.

Eu percebera claramente esse problema em 1973, quando conheci Dom Enrique Angelelli, bispo de La Rioja, a mais de 1.000 quilômetros de distância da capital, onde as perseguições contra a Igreja eram mais cruéis em relação àquelas que ocorriam na nossa região. Esse santo pastor, que vivia para os pobres e os camponeses explorados pelos latifundiários, acabou na mira dos militares por sua luta ao lado dos explorados e pelo seu serviço entre eles, desenvolvido atentamente na esteira do Concílio Vaticano II.

Alguém acusou Dom Angelelli, assim como Dom Óscar Romero — arcebispo de San Salvador assassinado em 1980 enquanto celebrava uma missa na capela de um hospital — de serem padres que faziam a leitura do Evangelho com uma hermenêutica marxista, adotando, portanto, aquela ideologia da libertação que inspirava as ideologias políticas de esquerda. Isso é falso! A escolha feita por esses e outros padres latino-americanos, assim como tantos padres do Sul do mundo, referia-se ao que ficara definido no Concílio, que reformulara a definição da Igreja como *povo de Deus*, conceito também reforçado em seguida na segunda Conferência Geral do Episcopado Latino-Americano de Medellín, em 1968:

uma Igreja que opta pelo cuidado das pessoas pobres e mobiliza-se em torno das classes populares, valorizando sua história e cultura, que anuncia o Evangelho numa perspectiva cristã, não política.

O trabalho de Angelelli com os pobres, porém, era considerado subversivo. Assim, ele acabou sendo um alvo da ditadura, que considerava automaticamente *comunista* quem trabalhasse com aquele segmento da sociedade. O bispo sabia que queriam isolá-lo, por isso, alguns anos depois, em 1975, quando entendeu que os serviços secretos estavam em seu encalço, pediu que eu escondesse no Colégio Máximo três de seus seminaristas. Eu os mantive em segurança no colégio por um bom tempo, com a desculpa de um período de exercícios espirituais.

Contudo, Angelelli, que também tinha informado ao núncio apostólico na Argentina, Dom Pio Laghi, das ameaças de morte recebidas, foi morto em 4 de agosto de 1976, enquanto dirigia seu carro em companhia de um outro sacerdote — Arturo Pinto, que, dado como morto, se salvou. O carro em que viajavam foi abalroado e lançado de um precipício. O caso foi arquivado no mesmo dia como acidente rodoviário, e o que mais me magoou foi que o então arcebispo de Buenos Aires, o cardeal Juan Carlos Aramburu, aceitou a versão dada pelo regime. Mas também eram tempos difíceis para a Igreja! Os mandantes do homicídio, dois ex-militares colaboradores do regime, foram identificados e condenados à prisão perpétua apenas em julho de 2014.

Aqueles três seminaristas de La Rioja, com o tempo, ajudaram-me a acolher outros jovens que, como eles, estavam em perigo — pelo menos duas dezenas em dois anos, que eram apresentados como estudantes de cursos religiosos ou como participantes dos retiros espirituais. Mas aqueles foram anos terríveis, com muitas situações difíceis para resolver; acredito, por exemplo, que os serviços secretos me vigiassem. Por isso, eu dava um jeito de despistá-los quando estava ao telefone ou quando escrevia alguma carta; pedia aos jovens jesuítas do colégio que nunca saíssem depois do pôr do sol, e que só o fizessem em grupos, nunca sozinhos — assim seria mais difícil levá-los. Eu também os proibia de falar de política quando começavam a discutir, nos refeitórios ou em momentos de lazer, com outros sacerdotes, em especial com os capelães militares. Nem todos eram fiéis à Igreja, e acredito que alguns desses possam ter estado dentro do nosso colégio! Não surpreende que tenha havido buscas noturnas na Villa Barilari, a casa dos noviços, mas conseguimos contornar isso sem problemas.

Naquele período, falaram-me do caso de outro rapaz que precisava fugir da Argentina. Percebi que se parecia comigo, por isso consegui fazê-lo escapar vestido de padre e com minha carteira de identidade. Arrisquei muito daquela vez, porque, se o tivessem descoberto, sem dúvida o teriam assassinado e vindo atrás de mim.

Também houve a história de um casal de catequistas, Sergio e Ana, que vivia com a filha entre os pobres. Eu os conhecera antes de me tornar sacerdote, e ia visitá-los com frequência. Era uma família muito católica, nem um pouco comunista ou subversiva, e apesar disso foram caluniados pela polícia secreta. Sergio foi levado sem aviso e torturado por alguns dias. Tentei de tudo para conseguir sua liberação, e consegui graças à intervenção do cônsul italiano, Enrico Calamai, grande homem que salvou muita gente.

Devo admitir que também fui vítima de calúnias naqueles anos de ditadura: acusaram-me de ter entregado ao regime dois jesuítas que trabalhavam em uma comunidade de Bajo Flores, padre Orlando Yorio e padre Francisco Jalics. Os dois estavam fundando uma congregação religiosa e, como provincial, eu os avisei, em nome do padre geral, que isso significava que precisariam sair da Companhia de Jesus — o que aconteceu um ano depois.

Também lhes aconselhei a deixarem momentaneamente a comunidade, pois havia indícios de que os militares poderiam fazer uma blitz e levá-los embora. Também lhes ofereci abrigo em nosso colégio, caso necessitassem, mas decidiram permanecer com os pobres. Em maio de 1976, foram sequestrados. Fiz tudo o que estava a meu alcance para conseguir a libertação dos dois. Falei duas vezes com o almirante Massera, pois dizia-se que os dois irmãos tinham sido levados pela Marinha, e também consegui conversar uma vez com o general Videla, celebrando, graças a um estratagema, uma missa na casa dele em um sábado à tarde. No dia seguinte, contei tudo ao padre geral, Pedro Arrupe, que vivia em Roma, liguei para ele de um telefone público da Avenida Corrientes.

*Essa rua fica particularmente cheia nas manhãs de domingo. Apesar dos postos de controle e do rumor contínuo dos carros verdes da polícia federal, as famílias tentam viver a tranquilidade de um dia festivo. No ar, o medo contínuo de ser pego de repente por alguma patrulha, de ser revistado na rua com as costas contra a parede, ou pior, de levar uma surra.*

*Padre Jorge celebrou a missa muito cedo no colégio, depois saiu sem chamar muita atenção: pegou um ônibus para chegar* à Avenida Corrientes, rua central de Buenos Aires onde costuma utilizar os telefones públicos para fazer as chamadas mais delicadas. Não deseja que escutem suas conversas, teme que os telefones da Cúria estejam sendo monitorados. Enquanto está no ônibus, recita o Santo Rosário e acaba escutando a conversa sussurrada de outros passageiros: mães que choram pelo desaparecimento dos filhos e jovens que desejam protestar contra a crueldade do regime.

Ao longo do trajeto, o jesuíta se perde na oração. De olhos fechados, quase se esquece de descer quando chega sua parada; reza pelos dois irmãos ainda nas mãos dos militares, até que a voz do motorista, por sorte, anuncia a parada.

Padre Jorge olha ao redor: um carro com alto-falantes avisa aos cidadãos sobre o comportamento certo em caso de revista da polícia; as patrulhas passeiam pelas calçadas, espiam dentro das lojas; já os homens do regime à paisana estão dentro das igrejas, sentados no fundo, escutando as homílias dos padres.

Padre Jorge insere as fichas no telefone e disca o número:

— Padre geral, é o Bergoglio...

— Jorge, que prazer ouvi-lo. Que notícias me traz?

— Ontem à tarde consegui encontrar Videla — sussurra o jovem provincial, temendo ser ouvido por alguma patrulha.

— Como você conseguiu? — pergunta padre Arrume, curioso.

— Convenci o capelão militar que celebra a missa na casa dele a dizer que estava doente. Assim pude substituí-lo. Cheguei e celebrei a missa na residência. Depois, conversamos. Videla me disse que vai buscar se interessar mais para resolver o caso. Vamos torcer para que seja verdade.

Padre Jorge informa ao padre geral dos jesuítas todas as novidades. Sempre que tem notícias sobre os dois padres capturados, ele o atualiza daquele telefone público distante da Cúria. Até que, um dia, cinco meses depois do sequestro, é padre Bergoglio quem recebe um telefonema inesperado no colégio.

Quem lhe anuncia, às lágrimas, a libertação é o próprio padre Yorio. Junto ao padre Jalics, fora sedado e depois deixado em um campo de Cañuelas, a uma hora de carro do centro de Buenos Aires. Após meses de violências e humilhações, os dois padres enfim estão livres. Por meio da nunciatura apostólica, padre Jorge lhes consegue cobertura diplomática, depois organiza a saída deles do país. Jalics consegue se juntar à mãe nos Estados Unidos, e Yori é enviado a Roma para estudar Direito Canônico.

Com o passar dos meses, padre Jorge segue de perto outros casos de desaparecidos e mantém um canal com o núncio apostólico; no entanto, também precisa se ocupar de questões menos relevantes, mas necessárias: por exemplo, as crianças dos bairros vizinhos, que não têm pastoral nem educação adequada. Assim, nas *tardes de sábado, organiza para elas o catecismo e algumas partidas de futebol. Essa proximidade com os pequenos custa ao provincial a acusação, interna, de ter salesianizado a formação da Companhia de Jesus.*

*Ele também precisa pensar, é claro, nos seus padres, em sua saúde espiritual e física: aos domingos, o cozinheiro descansa e quem prepara o almoço e o jantar dos estudantes é o próprio provincial. Aprendeu a cozinhar com vó Rosa e com a mãe, que, depois do nascimento de María Elena, pedia aos filhos maiores ajuda para preparar a comida, deixando todos os ingredientes separados sobre a mesa.*

*No passado, Jorge também recebeu alguns conselhos culinários de Esther, que um dia, com um telefonema, chega com notícias para seu ex-ajudante no laboratório de química.*

Apesar dos muitos compromissos, víamo-nos com frequência naquela época. Eu ia encontrá-la em sua casa quando podia, para um jantar ou um café da tarde; gostava muito dela, afinal foi quem me ensinou a pensar! Fiquei a seu lado nos momentos mais difíceis: em setembro de 1976, os militares sequestraram seu genro, depois, no ano seguinte, levaram também sua filha, Ana María, de 16 anos, que estava grávida. Toda a família era mantida sob vigilância porque o regime conhecia muito bem a história daquela mulher comunista e de seu comprometimento político.

Naquele dia, seu telefonema foi muito estranho. Com uma voz diferente da habitual, me disse:

— Oi, Jorge. Minha sogra Edelmira está para morrer, você poderia vir lhe dar a extrema-unção?

Algo não fazia sentido. Ela e sua família eram ateias, e, embora a sogra fosse cristã, eu percebi que havia algo mais que minha amiga não podia dizer ao telefone. Então, cheguei a sua casa, levando também, por segurança, os suprimentos necessários para a unção dos enfermos que ganhara da minha avó. Bati à porta, e ela a abriu, fechando-a depressa assim que entrei, pois temia que tivessem me seguido.

— O que está acontecendo, Esther? — perguntei logo.

Ela não se fez de rogada:

— Jorge, estão de olho em mim, estou sendo vigiada. Se entram aqui e encontram todos esses livros, será o fim.

Em poucas palavras, pediu-me que escondesse todos aqueles volumes. Havia muitos livros sobre pensamento marxista, tomos de Filosofia e outros textos que, se fossem encontrados pelo regime, seriam destruídos. Nos dias que se seguiram, consegui me organizar: eu os levei e mantive-os na biblioteca do colégio, em meio a tantos outros.

Ana María foi solta depois de quatro meses aprisionada, e Esther decidiu levá-la junto às outras duas filhas mais velhas para a Suécia, onde muitos argentinos tinham encontrado refúgio. Uma das três irmãs ainda vive lá, mas as outras duas voltaram à Argentina, eu as encontrei alguns anos atrás.

Depois de deixar as filhas em segurança, Esther voltou para a Argentina. Foi uma das poucas Mães da Praça de Maio a continuar a fazer parte do movimento mesmo depois de reencontrar a filha. No entanto, estava preocupada, e com razão: junto ao grupo das Mães da Praça de Maio, todas as tardes de quinta, ela protestava nas ruas, todas com o tradicional lenço branco na cabeça, mas entre elas se infiltrara um jovem com rosto de anjo, Alfredo Astiz, oficial da Marinha, obedecendo ordens do almirante Massera. O jovem se apresentara com o falso nome de Gustavo, dizendo ser irmão de um desaparecido. Logo conseguiu conquistar a confiança do grupo, que se reunia na igreja de Santa Cruz: escutava os discursos e tinha acesso a seus segredos.

No mês de dezembro de 1977, em dias pré-fixados para uma operação da polícia, Astiz deu o sinal e as esquadras do regime chegaram para levar algumas daquelas mulheres, que saíam da igreja onde ocorrera uma reunião contra o governo militar. Pegaram Esther com outra fundadora do grupo e também duas freiras francesas, Alice Domon e Léonie Duquet. Pelo que soube, minha amiga foi torturada e jogada de um avião. Que terrível fim! No caso de outros jovens sequestrados, eu tinha conseguido fazer alguma coisa, tornar-me útil, mas, por Esther, sua amiga e as duas freiras, não consegui nada, embora tenha insistido muito com quem decerto poderia ter intervindo. Talvez eu não tenha feito o suficiente por elas.

Apenas em 2005, graças aos exames de DNA, tivemos a confirmação de que tinham sido encontrados seus restos mortais, junto aos de María Ponce de Bianco, a outra fundadora das Mães da Praça de Maio. Naquela época, eu era arcebispo de Buenos Aires, por isso autorizei seu sepultamento no jardim da igreja onde tinham sido sequestradas. Era o mínimo que podia fazer.

No entanto, as acusações contra mim continuaram até pouco tempo atrás. Era a vingança de algum causador de confusão que sabia muito bem quanto eu me opunha àquelas atrocidades. Depois, algumas testemunhas, que antes tinham permanecido em silêncio, por fim, decidiram contar a verdade dos fatos, graças também ao trabalho de alguns jornalistas, e por isso as acusações se esvaziaram.

Em 8 de novembro de 2010, também fui interrogado como testemunha para o processo sobre os crimes cometidos durante o regime. Alguém ainda tentava fazer recair sobre mim a acusação de conivência com a junta militar. O interrogatório durou 4h10 e ocorreu na sede da arquidiocese. Fui submetido a uma sequência de perguntas da parte dos advogados das associações de direitos humanos e dos parentes das vítimas. Havia três juízes: o presidente, que era muito calmo, outro que estava sempre calado e um terceiro que sempre atacava. Durante o interrogatório, chegaram até a invocar o conclave de 2005, ocorrido depois da morte de João Paulo II, trazendo a hipótese de que alguém do Vaticano distribuíra dossiês sobre mim, nos quais eram levantadas suspeitas sobre minha conduta durante o regime de Videla, com o objetivo de me difamar e assim dificultar uma possível eleição. Tudo mentira. Não houve dossiês sobre mim nem sobre outros cardeais eleitores.

O interrogatório foi registrado, e, no fim, me disseram que nada havia contra mim, que eu era inocente. Reencontrei um daqueles juízes duas vezes no Vaticano: na primeira, ele estava junto a outras pessoas, muito tempo havia se passado desde que eu o vira no processo, então, não o reconheci. Na segunda vez, ele quis marcar uma conversa, o que fiz com prazer. Posteriormente, algumas pessoas me confiaram que o governo argentino da época tinha tentado de todas as maneiras colocar a corda no meu pescoço, mas não encontraram nenhuma prova, pois eu estava limpo.

Rezei tanto a Deus naqueles anos de regime, rezei sobretudo para poder dar a paz a quem vivia na pele violências e humilhações. A ditadura é diabólica, vi com meus olhos, vivi momentos de grande desconforto, com medo de que algo pudesse ocorrer a meus irmãos mais jovens. Foi um genocídio geracional!

Por sorte, aquele pesadelo terminou no início dos anos 1980, e, com as eleições democráticas de outubro de 1983, as coisas na Argentina mudaram. Mudaram para mim também: depois da experiência como provincial, em 1980, eu voltei a San Miguel como pároco e reitor no Colégio Máximo de San José. Até que me transferi para a Alemanha, em 1986, para uma temporada de estudos.

# VII

# A MÃO DE DEUS

— Maradona, Maradona, o incrível gol de Maradona coloca a Argentina em vantagem de 1 a 0 sobre a Inglaterra, aos 51 minutos das quartas de final... Os ingleses protestam com o árbitro... indicam que houve mão... mas o gol foi confirmado. Vamos ter que esperar a câmera lenta para entender o que aconteceu... vejamos... é, parece mesmo que ele empurrou a bola para dentro com o punho, não com a cabeça... enquanto isso Maradona comemora levantando o punho... incrível!

As comemorações por aquele gol só são ouvidas pela TV ligada na sala. Na rua, reina o silêncio. Nenhuma explosão de alegria, nenhuma exultação. Total indiferença. Afinal, os alemães já tinham emocionado o mundo na véspera, quando a Alemanha

*Ocidental, também nas quartas de final, derrotou nos pênaltis o anfitrião México, eliminando-o da Copa do Mundo.*

*Uma das poucas televisões sintonizadas na partida para testemunhar o gol de Maradona é a dos Schmidt, a família alemã que hospeda padre Jorge em Boppard, uma cidadezinha a uma hora de carro da capital Bonn. Com 49 anos, ele foi enviado para lá a fim de aperfeiçoar o idioma alemão e buscar material para concluir a tese de doutorado que está escrevendo sobre o teólogo Romano Guardini.*

*É 22 de junho de 1986. Jorge, apaixonado por futebol, não queria perder por nada no mundo aquela partida com o pibe de oro — "o garoto de ouro"— vestindo a camisa número 10, junto a Burruchaga e Valdano, Maradona está fazendo milhões de argentinos começarem a sonhar. Contudo, o sacerdote jesuíta, por uma série de compromissos imprevistos, precisou continuar debruçado sobre os livros, longe da TV. O casal de médicos que o hospeda, porém, assiste à partida durante o jantar. Como a maioria dos alemães, eles também não parecem muito interessados no jogo, que, apesar disso, está entregando grandes emoções. Só quiseram sintonizar na disputa por afeto ao inquilino, para depois poderem lhe contar como tudo acabou.*

*Depois do primeiro gol do capitão, a filmagem mantém todos em suspenso, mas o sofrimento dura apenas alguns minutos:*

*Maradona, aos 55 minutos, depois de correr como um relâmpago desde a metade do campo, supera numerosos adversários e marca o que entrará para a história como o gol do século. Dois a 0 para a Argentina. A semifinal parece mais próxima. Dessa vez, o sr. Schmidt aplaude com prazer, o sorriso estampado no rosto e o pensamento em padre Jorge.*

*Também nas arquibancadas do estádio Azteca, na Cidade do México, os aplausos continuam. São cerca de 114 mil presentes, mas, acima de tudo, ouve-se as vaias da torcida inglesa, que se julga roubada por aquele primeiro gol considerado irregular. A tensão entre as duas equipes já estava grande antes mesmo de entrarem em campo. À rivalidade histórica entre os times, acrescia-se a ferida ainda aberta da guerra de 1982, depois da invasão argentina nas Ilhas Malvinas. Além disso, para surpresa dos ingleses, ainda viera aquela ducha fria com seis minutos do segundo tempo, assinada por Maradona.*

*Não por acaso, ao fim da partida, o campeão ainda está sob os holofotes. Beija a camisa diante das câmeras e, pouco depois, cercado de microfones, comenta que aquele gol tão contestado foi "un poco con la cabeza de Maradona y otro poco con la mano di Dios". A tradução é bem clara: um pouco com a cabeça de Maradona, um pouco com a mão de Deus.*

Nos primeiros instantes, ninguém entendeu que aquele gol pudesse ser irregular, mas os jogadores ingleses logo começaram a protestar com o árbitro, dizendo que Maradona havia empurrado a bola com a mão. Depois, com o replay, todos perceberam que ele usara mais o punho do que a cabeça. O árbitro principal da partida, um tunisiano, não percebeu e validou o gol.

As polêmicas se seguiram por dias e dias. Da Argentina, me contavam que não paravam de discutir nos jornais sobre esse gol, mas a foto com a frase que o campeão dissera no fim da partida estava nas primeiras páginas do mundo todo. Há alguns anos, já como papa, recebi Maradona no Vaticano; falamos de muitos assuntos, entre os quais a paz. Antes que fosse embora, brinquei com ele:

— Qual é a mão do crime?

Preciso admitir que, no campo, ele era um grande poeta, capaz de gols destinados a serem históricos, como o segundo gol daquela partida, não por acaso batizado de *gol do século*. Essa segurança com a bola, contudo, escondia uma grande fragilidade no dia a dia. Todos vimos isso nos últimos anos de sua vida, com tantos problemas que teve e que causaram sofrimento aos torcedores, fossem argentinos ou italianos, que também o conhecem e o amam pelo seu passado triunfal no Napoli.

Lembro-me de assistir a várias partidas daquela Copa do Mundo de 1986, exceto quando estava ocupado ou quando preferia, intencionalmente, ficar longe da TV.

Naquela época, eu frequentava o Instituto Goethe de Boppard, uma pequena cidade de 15 mil habitantes; era dado aos estudantes a possibilidade de morar na casa de algumas famílias que ofereciam sua hospitalidade. Entre elas, havia um casal de médicos, os Schmidt — ela era homeopata, ele, médico tradicional. Viviam sozinhos, pois os filhos eram adultos e tinham se casado. Mais do que dinheiro, Helma e o marido buscavam um pouco de companhia; além disso, eram bons católicos, todas as tardes, ela ia acompanhar a missa que eu celebrava em meu quarto. Às vezes, também me convidavam para jantar e falávamos de tudo, desde atualidade até política internacional e esportes. Eram bons momentos, dos quais me recordo com grande afeto.

No dia da final, 29 de junho, quando a Argentina jogaria contra a Alemanha Ocidental, decidi não assistir ao jogo. Preferi fazer um passeio perto do rio Reno, nas proximidades da casa daquele casal tão gentil. Desejava reservar um momento para mim, a fim de refletir sobre a vida, rezar o Rosário e, como todas as noites, agradecer ao Senhor por tudo o que já me dera, agora que eu me aproximava dos 50 anos.

Quando voltei para a casa do dr. Schmidt, grande torcedor da Alemanha, ele me disse com uma nota de amargura:

— Parece que vocês serão campeões...

Vencíamos por 2 a 0. Agradeci a informação e fui dormir sem parar para ver como acabaria. Ele tinha razão: na manhã seguinte, assim que acordei, li em um jornal que tínhamos vencido a Copa com um placar de 3 a 2, e que Maradona levantara a taça, carregado pelos companheiros de time!

Pouco depois, ao chegar ao instituto para a aula, uma colega japonesa, originária de Sapporo, comemorou ao me ver:

— Vocês ganharam! São os campeões! — disse-me diante dos outros.

Mas a turma ficou em silêncio, calada como peixe. Havia alguns estudantes ingleses, entendo a reação deles, mas havia também franceses e italianos. Depois, a colega japonesa foi até a lousa e escreveu bem grande, com o giz: ARGENTINA! Fiquei muito feliz, mas sabia que dali a pouco chegaria a professora, uma boa educadora, a qual me ensinou muito, mas que se vangloriava de ter se casado três vezes e de ter filhos espalhados aqui e ali. Talvez se achasse moderna! Assim que viu o que fora escrito, ordenou à minha colega:

— Apague.

Naquele prestigiado instituto alemão, parece que a etiqueta devia ser respeitada, sem exceções: talvez, por isso, todos os outros alunos não me disseram nenhuma palavra. Gosto de pensar que foi isso, embora, naqueles momentos, me sentisse realmente sozinho, quase um estranho. Fui enviado para um lugar que não conhecia e sentia muita saudade de casa, da minha Argentina.

Ainda que eu não pudesse compartilhar aquela alegria plenamente, foi uma grande emoção: éramos os campeões mundiais! Lembrei-me daquele campeonato de futebol argentino de 1946, uma fase extraordinária vencida pelo nosso San Lorenzo. Eu era um menino na época, mas ainda me lembro de como nos sentimos grandes quando nossos *três mosqueteiros* levantaram a taça! Durante aquelas partidas, como muitas vezes acontece, diversos torcedores atacavam o árbitro, mas vários jogadores faziam o mesmo, gritando: "Vendido!". Porém, assim que acabava a partida, todos apertavam as mãos e voltavam a ser amigos. Este deve ser o sentido do esporte: primeiro a competição, mas que seja saudável e honesta, depois a maturidade do abraço. Foi também o que me ensinaram os salesianos.

Além disso, não podemos esquecer que o esporte enobrece ainda que você jogue na rua com uma bola de trapos, como eu fazia quando jovem. Temos que garantir o crescimento do espírito esportivo por esse caminho, que é o mais simples e saudável! Vem à minha mente um filme de 1948, intitulado *Pelota de trapo*, ou bola de trapos, do diretor Leopoldo Torres Ríos, um dos pioneiros do cinema argentino. Eu o vi na adolescência. Conta a história de um grupo de meninos que joga futebol na rua e se diverte com o que tem, embora todos sonhem em um dia ter uma bela bola de couro. Dom Bosco dizia que, se você quer reunir a garotada, basta jogar uma bola na rua, ainda que de trapos. Os pequenos vão chegar como moscas em volta de um doce!

O esporte, mesmo na simplicidade, pode salvar da degradação, resolver mal-estares familiares e, especialmente na periferia, pode oferecer uma válvula de escape aos jovens que estão em situações difíceis, ajudando-os a superar as tensões e chutá-las para longe como em uma bela pelada. Os oradores também nasceram para isso, para salvar muitos jovens das ruas e dar-lhes alternativa aos desvios que poderiam encontrar durante a adolescência. É uma bênção poder fazer esporte assim, de modo genuíno, pois é algo nobre. Contribui para isso o fato de as atividades esportivas poderem ser *gratuitas*, e por essa razão acho muito satisfatório quando as pessoas se entusiasmam por uma partida, por um gol, por uma vitória, desde que não se perca a dimensão *amadora*. É preciso praticar esporte por paixão, por diversão, vivê-lo como uma brincadeira. Hoje, aspectos mais comerciais envolvem o mundo esportivo profissional e competitivo, como os patrocinadores, mas isso não é de todo mal se feito com moderação e de forma ética. O importante é que não prevaleçam lógicas perversas ligadas ao dinheiro que nada têm a ver com espírito esportivo.

*A aula de alemão terminou antes do habitual. A professora teve um contratempo e, após se desculpar com os alunos e prometer compensar no dia seguinte, foi embora. Depois de se despedir dos colegas, padre Jorge, aproveitando aqueles 30 minutos livres, em vez de seguir para casa, onde Helma o aguarda para a costumeira missa da tarde, decide caminhar de novo até o rio, onde esteve na noite anterior para recitar o Rosário.*

*Ao longo do percurso, embora muitos cidadãos, decepcionados com o segundo lugar, já tenham retirado as decorações, ainda se veem nas varandas e nas janelas algumas bandeiras da Alemanha: é o que resta do clima de Copa do Mundo. Houve também quem pegasse as bandeiras para levar a Bonn, onde os torcedores aguardam para receber a seleção nacional, que retorna* do México. As faixas, as cornetas e as camisas dos jogadores já estão sendo retiradas das vitrines das lojas. A desilusão é imensa, a taça mundial estava a um passo, mas, naquela pequena cidade provinciana imersa em verde, a vida segue adiante.

Duas crianças loiríssimas caminham com a mãe. As duas usam tranças — muito na moda, sobretudo entre os menores — e vestem a camisa da seleção nacional. Jogam com uma bola amarela pequena e macia e ainda têm nos braços o desenho da bandeira alemã, feito pelo pai antes da final:

— Eu sou Rummenigge — diz o maior. — E você é Matthäus, ok? — acrescenta, tocando o irmãozinho no ombro.

— E eu, que sou argentino, quem posso ser? — pergunta padre Jorge com um sorriso, depois de ouvir o menino fantasiar sobre seus favoritos do futebol. Os dois irmãos não reagem bem: o maior mostra-lhe a língua, o menor o copia. A mãe, um pouco sem graça, é obrigada a pedir desculpas àquele sacerdote que encontrou por acaso.

— Não se preocupe, senhora, quer dizer que se importam com sua pátria! Quando crescerem, talvez também se tornem ótimos jogadores! — responde padre Jorge afetuosamente, e tira da bolsa dois santinhos, um para cada criança, e depois segue com seu passeio.

Ao chegar à margem do rio, em meio a uma fileira de mesinhas cheias de turistas e moradores que aproveitam uma tarde tranquila e ventosa, nota um telefone público. Gostaria de ligar para a irmã, María Elena, mas sabe que àquela hora certamente ela não está em casa; então, pensa nos amigos de Buenos Aires, que devem estar festejando a vitória do título mundial.

Contudo, antes de se aproximar, checa o relógio de plástico no pulso: não quer chegar tarde para seu compromisso com Helma; sabe muito bem que, antes do jantar, ela e o marido também se dedicam ao piano, e um atraso poderia sobrepor as atividades. Por sorte, ainda tem alguns minutos para um rápido telefonema.

Pega o telefone, insere o cartão telefônico que comprou em uma tabacaria e liga para o velho amigo Oscar, com quem sempre teve uma relação muito próxima, desde os tempos de instituto industrial.

— Como você está? Viu a final ontem? — pergunta Jorge, sem perder tempo com gentilezas.

— Olha, aqui estão todos loucos, Jorge, não preguei o olho, meu Deus do céu, teve festa a noite toda com buzinas, fogos, bombinhas... — explica o amigo, descrevendo o que acontecera na noite anterior em Buenos Aires.

— Estão todos contentes, né? Eu não vi... — acrescenta o jesuíta.

— Com certeza! Mas no fim da partida ainda contestaram Maradona por causa da mão de Deus... por sorte não reagiu como El Rata, lembra? — pergunta Oscar.

*De repente, Jorge tem uma lembrança antiga, de muitos anos antes, de quando ainda não tinha 30 anos.*

*El Rata* era o apelido de Antonio Rattín, um grande jogador da seleção argentina de futebol.

Lembro-me perfeitamente de uma partida da Copa que foi disputada em 23 de julho de 1966, em Wembley: nas quartas de final, a Argentina jogava contra os anfitriões, a Inglaterra, e vivenciou momentos de grande agitação durante o jogo. Rattín, que era o capitão e usava a camisa número 10, recebeu um cartão amarelo do árbitro alemão por uma falta leve. Isso o deixou irritado. Depois, o juiz deu mais um cartão amarelo a outro companheiro de time, e o jogador protestou fortemente, falando em espanhol. Ao que parece, o árbitro não entendeu, mas, vendo aquela agitação, sinalizou para que Rattín saísse do campo. Ele estava expulso. O caos se instaurou: naquele momento, nenhum de nós, torcedores, aceitava aquela decisão!

Àquela altura, *El Rata* se recusou a sair. Queria entender o motivo da expulsão, mas não havia um intérprete para facilitar as coisas. O jogo ficou parado por mais de dez minutos. Alguns dirigentes entraram em campo de paletó e gravata, tentaram tirá-lo do jogo, mas sem sucesso. Quando, enfim, se convenceu, ao entrar no vestiário foi coberto de vaias, pois fez duas coisas que irritaram muito o público inglês: passou por baixo do camarote real, caminhando sobre o tapete vermelho de veludo reservado à rainha e, assim que se aproximou da bandeirinha no canto, com o emblema da coroa britânica estampado, amassou-a.

Infelizmente, a emoção tomou conta, e o que deveria ter sido um momento de diversão pura e saudável se transformou em outra coisa. Por sorte, em 1986, as coisas foram diferentes com Maradona. Mas, sem voltar muito no tempo, pensando na última Copa do Mundo, disputada no Qatar em dezembro de 2022, também houve momentos pouco agradáveis. Li, por exemplo, sobre as vaias de alguns torcedores franceses, ao término da final, para o goleiro da Argentina, Emiliano Martínez, que respondeu com um gesto feio. Sem mencionar as brigas em campo durante a partida Argentina-Holanda, nas quartas de final. Isso me deixou muito descontente, pois, ao fim de uma partida, deve haver festa para todos, sem polêmicas. Consolo para quem perdeu, abraços para quem venceu. O espírito esportivo deve prevalecer, não o ressentimento.

Eu não assisti a essa última Copa do Mundo porque não vejo televisão — mais adiante, explicarei por quê. Mas, no jogo da final, durante a partida contra a França, eu estava reunido com quatro pilotos de uma companhia aérea, amigos de amigos que tinham ido me ver com suas esposas. Um deles, durante o encontro, me disse:

— A Argentina está vencendo por 2 a 0... A taça já é de vocês!

No fim, soube que a Argentina venceu nos pênaltis e com muito sofrimento, porque os franceses foram durões. Isso me fez pensar muito. Nas quartas de final, por exemplo, a Argentina vencia contra a Holanda por 2 a 0 e depois a partida acabou nos pênaltis. Na final, o mesmo roteiro: assumimos a vantagem, depois nos deixamos levar.

Talvez essa forma de agir faça parte da psicologia de algumas pessoas argentinas: há um entusiasmo inicial, mas, por falta de consistência, é preciso lutar para chegar ao fim. Nós, argentinos, somos assim: pensamos ter a vitória no bolso, mas, no segundo tempo, corremos o risco da derrota. E não nos falta consistência apenas no futebol, mas também na vida cotidiana: antes de terminar algo, nós nos entregamos demais e, talvez, acabemos não obtendo o resultado esperado. Mas, no fim, por sorte, damos um jeito.

De volta a 1986 e à minha estadia na Alemanha, minhas lembranças se concentram também em algo além da vitória da Copa do Mundo e do gol de mão de Maradona: naquele país, vivi plenamente minha devoção a Nossa Senhora Desatadora de Nós. Quando ainda estava em Buenos Aires, ouvira falar da pintura *Maria desatadora de nós — Virgem Maria Knotenlöserin —*, que representa a Virgem circundada por anjos enquanto tenta desatar os nós. O quadro é mantido na antiga igreja dos jesuítas de São Pedro am Perlach, localizada em Augsburg, na Baviera, onde, infelizmente, nunca estive. Se os compromissos tivessem permitido, eu teria gostado de parar e orar diante daquela pintura barroca do século XVIII, pensando em todos os nós que gostaria de ter desatado naquele período de minha vida: embora estivesse em um ano sabático, tirado de comum acordo com o provincial, não faltavam polêmicas, dificuldades, pecados e obstáculos aparentemente intransponíveis.

Naqueles momentos, mais uma vez, apesar de tudo, senti a presença do Senhor, que me antecipava, e da Nossa Senhora, que estava perto da porta do meu coração e ouvia as minhas queixas com a paciência que apenas uma mãe pode ter. Não só isso: confiei totalmente nela, e senti que estava me ajudando a desatar meus nós. Isso não vale apenas para mim, vale para todos! A devoção mariana deve ser assim: límpida, bela, limpa, simples. Devemos sempre colocar Maria e seu filho

Jesus em primeiro lugar, sem intermediários que possam explorar a franqueza ou a fraqueza do povo para obter lucro.

Um dia, encontrei uma boa quantidade de santinhos que reproduziam a pintura e, no fim da estadia na Alemanha, eu os levei comigo a Buenos Aires. Aqui e ali, eu os distribuí a amigos, fiéis ou conhecidos. Com o passar dos anos, foram realizadas diversas reproduções da *Nossa Senhora desatadora de nós*, e ainda é possível encontrá-las em algumas igrejas de Buenos Aires, onde o culto mariano se fortaleceu, atraindo cada vez mais fiéis.

Enquanto isso, de volta à pátria, recomecei minha rotina diária, a partir do Colégio del Salvador, em Buenos Aires.

# VIII

## A QUEDA DO MURO DE BERLIM

*Pequeno e sóbrio, sem banheiro privativo, o quarto é invadido pelas melodias de Richard Wagner: o* Parsifal *interpretado pela orquestra do maestro Hans Knappertsbusch acompanha a tarde de padre Jorge, que trabalha em seu quarto no Colégio del Salvador, a prestigiada escola jesuíta situada no movimentado centro de Buenos Aires, acolhendo crianças e adolescentes do ensino fundamental.*

*Para o jesuíta, é um retorno, pois já ensinara Literatura e Psicologia ali em 1966. Depois da breve estadia na Alemanha, está de volta àquela comunidade da Companhia de Jesus, dessa vez como confessor na vizinha igreja del Salvador. O novo provincial, padre Víctor Zorzín, seu vice de 1973 a 1979, decidiu dar-lhe esse pequeno cargo sem responsabilidades administrativas dentro da Companhia de Jesus. E padre Jorge obedeceu.*

*Com suas intervenções na* Stromata, *revista de Teologia dos jesuítas argentinos, tornou-se muito conhecido entre todos os irmãos do país, por isso, para padre Bergoglio, o fim dos anos 1980 é um período de intensa atividade: escreve artigos, realiza conferências pela Argentina, guia retiros espirituais e, principalmente, é chamado por padre Ernesto López Rosas, destacado expoente da Teologia do Povo e novo reitor do Colégio Máximo em San Miguel, a ministrar uma aula semanal de Teologia Pastoral aos alunos da faculdade, que já estudam com os livros de Bergoglio. Faz muito tempo que padre López conhece o irmão, desde o fim dos anos 1960, compartilham as mesmas ideias sobre a pastoral, sobre o compromisso social do clero e a atenção às classes populares, desde quando se reuniam com o jesuíta Miguel Ángel Fiorito, guia espiritual para muitos irmãos argentinos.*

*Com a melodia de* Parsifal *ao fundo, padre Jorge, imerso nos livros de Romano Guardini e Santo Agostinho, busca inspiração para escrever seu texto. Às vezes, também olha pela janela: é atraído pelo som de um caminhão de sorvete enquanto um grupo de estudantes desordeiros usando short perambula por perto. Em frente, um bazar já expõe as primeiras roupas de banho, e as árvores da Avenida Callao estão todas floridas. Em breve, a primavera cederá lugar ao verão: é o dia 9 de novembro de 1989. Mas aquele breve instante de distração, de repente, é interrompido pelo toque do telefone.*

*— Padre Jorge, rápido, ligue a televisão...*

*Quem telefonou foi Guillermo Ortiz, aluno da Companhia de Jesus que por alguns anos ocupara o quarto ao lado do de Bergoglio, agora com 52 anos. Jorge o conhece desde 1977, quando Guillo sonhava em se tornar jesuíta e ele era o provincial. Então, no início dos anos 1980, eles se reencontraram, um como noviço, o outro como reitor do Colégio Máximo em San Miguel, além de pároco da igreja do Patriarca San José. Na época, uma das tarefas do futuro sacerdote era cuidar dos porcos e de outros animais, como ovelhas e vacas, que padre Jorge adquiria e criava para alimentar os jesuítas do colégio, uma comunidade de 200 pessoas.*

*Mas Guillermo também tinha a função de reunir as crianças do bairro para a missa de domingo. Bergoglio achava muito importante que seus padres saíssem às ruas: os futuros jesuítas tinham que visitar os três bairros sob jurisdição da paróquia — La Manuelita, Constantini e Don Alfonso — e estar em meio às pessoas, especialmente as mais pobres. Em suma, viver uma religiosidade popular completa, engajando-se na linha de frente da paróquia.*

*— Se tiver dois minutos, olhe o que estão transmitindo, é inacreditável... — acrescenta Guillo.*

*Padre Jorge larga o telefone, desliga o toca-discos e corre para a sala de TV. As imagens que estão sendo transmitidas são, de fato, extraordinárias, e chegam da Alemanha. Um rio de pessoas de Berlim Oriental se lançou às ruas: estão cruzando o muro, símbolo da Guerra Fria, que desde 1961 divide a cidade alemã. As portas foram subitamente abertas depois de uma coletiva de imprensa em que um membro do Politbüro, Günter Schabowski, funcionário do comitê central do Partido Socialista Unificado da Alemanha, surpreendido pelas perguntas dos jornalistas, anunciou subitamente que os cidadãos poderiam atravessar as fronteiras da República Democrática Alemã, ainda que não cumpram os requisitos previstos até então. O caos se desencadeia: jovens armados com picaretas e outras ferramentas dirigem-se para o muro e começam a atingi-lo, a derrubá-lo, famílias inteiras entram nos carros, outras seguem a pé até a fronteira. Alguns decidem não passar pelos postos de controle, e sim escalar o muro que causou tanta dor e morte. Outros ainda estão aterrorizados, temem que os militares que controlam a fronteira possam abrir fogo, como já ocorreu no passado.*

*A multidão chega também ao Portão de Brandemburgo, símbolo transformado em bandeira da Alemanha comunista. Em 1963, não muito longe dali, em frente à prefeitura, em Schöneberg, o presidente americano John Fitzgerald Kennedy pronunciara a célebre frase: "Todos os homens livres, onde quer que vivam, são cidadãos de Berlim, e, portanto, como um homem livre, eu me orgulho das palavras 'Ich bin ein Berliner!'". Sou berlinense, disse ele em alemão, provocando aplausos da multidão que agitava lenços brancos.*

Naquela tarde de 1989, a história passava diante de nossos olhos: as cenas que todos vimos na TV foram impressionantes, e pessoalmente nunca imaginei que as presenciaria. Havia jovens dançando, outros brindando, desconhecidos se abraçavam, famílias inteiras choravam. Foram momentos realmente comoventes, pois aquelas pessoas estavam vivendo o fim de todas as repressões e as violências. Reencontravam a liberdade.

Em breve, a União Soviética também entraria em colapso graças à Perestroika, a política de reformas idealizada por Mikhail Gorbachev. Gorbachev foi um grande homem, talvez um dos maiores estadistas que a URSS teve; eu o admirei muito, pois desejou reformar aquele mundo com o objetivo de evitar novos sofrimentos para a população. Lembro-me bem de sua filha e também de sua esposa, Raisa: ela era uma grande pessoa, além de ótima filósofa!

Ao ver as cenas da queda do Muro de Berlim, fiquei muito feliz, pois a Europa estava reencontrando a tão esperada serenidade que lhe faltava há tempo demais. Na Argentina, não se deu muita importância àqueles fatos: diziam respeito a outra zona do mundo. A história do muro, com exceção das notícias estrangeiras dos primeiros dias, não estava no centro dos debates televisivos, mais concentrados na política interna. Alguns meses antes, tinha havido eleições presidenciais e triunfou o candidato do Partido Justicialista, Carlos Menem, expoente hiperliberal, filho de imigrantes sírios e originário de La Rioja, um dos bairros mais pobres do país. Naquele momento, era necessário descobrir um novo modo de fazer política, construindo uma cultura democrática e colocando como raiz de tudo o conceito de solidariedade, com o objetivo de melhorar a vida dos cidadãos. Discutia-se muito o que essa nova presidência podia fazer pelo povo.

Mas todos os argentinos que, como eu, tinham parentes na Europa decerto estavam mais atentos às notícias que chegavam da Alemanha. Enfim, caía aquele muro, símbolo da divisão ideológica do mundo todo! Embora tenhamos sido pegos de surpresa por aquelas imagens e tivéssemos consciência de que a queda do Muro de Berlim tinha sido algo imprevisto, é preciso dizer que esse evento histórico foi possível graças ao esforço de muitas pessoas que, no decorrer dos anos, lutaram, sofreram e sacrificaram a própria vida. Mas também foi graças à oração: impossível não pensar no papel desempenhado por João Paulo II, que conheci alguns anos antes, em 1987, graças ao núncio apostólico, por ocasião da Jornada Mundial da Juventude em Buenos Aires. Com suas palavras e seu carisma, ele dera a todas essas pessoas a força para se unir e lutar pela liberdade. De fato, desde 1979, durante sua primeira viagem à Polônia — sua pátria —, ele favoreceu o amadurecimento da consciência de milhões de cidadãos da Europa Oriental, que reencontraram a esperança.

Foi esse longo processo que levou à queda do muro na Alemanha. Mas há muitos muros espalhados pelo mundo, talvez menos famosos. Onde há um muro, há um coração fechado; onde há um muro, há o sofrimento do irmão e da irmã que não conseguem passar; onde há um muro, há a divisão entre os povos, o que não beneficia o futuro da humanidade. E, se estamos divididos, faltam amizade e solidariedade. É preciso seguir o exemplo de Jesus, que uniu a todos com o seu sangue.

No entanto, os muros não são apenas físicos, quando não estamos em paz com alguém, ali há um muro que divide.

Como seria bonito um mundo com muitas pontes no lugar de barreiras; as pessoas poderiam se encontrar e viver juntas em nome da fraternidade, diminuindo as desigualdades e aumentando as liberdades e os direitos. Onde há muros, contudo, proliferam as máfias, a criminalidade, os desonestos que se aproveitam da fraqueza do povo submetido ao medo e à solidão. Somos cristãos! Por isso devemos amar ao próximo sem reservas, sem fronteiras, sem limites, indo além dos muros do egoísmo e dos interesses pessoais e nacionais. É preciso superar as barreiras das ideologias, que ampliam o ódio e a intolerância.

De volta à queda do Muro de Berlim, entre as várias coisas que vi nas imagens históricas transmitidas pela TV argentina, impressionaram-me muito a pureza e a ternura das muitas pessoas idosas que tinham vivido na pele um grande sofrimento e esperavam aquele momento há sabe-se lá quantos anos. Entrevistadas pelos jornalistas após ultrapassarem a Cortina de Ferro, mal conseguiam falar de tanta emoção, mas não escondiam as lágrimas.

Como Jesus, não tinham mais medo do pranto: no Evangelho, lemos que o Senhor derramou lágrimas pelo amigo morto, comoveu-se diante da multidão sem pastor, chorou ao ver a pobre viúva que acompanhava o próprio filho ao cemitério. Quem não aprende a chorar, dando tal testemunho de humanidade, não pode ser um bom cristão!

*Depois de acompanhar por alguns minutos a transmissão da TV, padre Jorge volta para o quarto a fim de terminar de escrever o texto antes do jantar. E não só isso: também precisa, por exemplo, responder à carta de um ex-aluno do colégio da Inmaculada Concepción de Santa Fe; colocou a missiva em destaque sobre uma pilha de livros, pois o ex-aluno do liceu já espera resposta há alguns dias, e ele não quer demorar mais. Desses anos como professor, manteve contato com alguns dos ex-alunos dos cursos de Literatura e de Psicologia, que ainda lhe telefonam ou escrevem.*

*Um deles, José, nunca perdeu o hábito de enviar mensagens. Dessa vez, em sua longa carta recorda o incrível encontro, em sala, com Jorge Luis Borges, o célebre escritor argentino que o professor Bergoglio convidara para falar sobre literatura gauchesca com aqueles alunos de ensino médio. Embora tenham se passado mais de vinte anos, em sua carta, o ex-aluno, hoje médico, também lhe pede um esclarecimento sobre um escrito relativo às teorias evolucionistas do jesuíta Pierre Teilhard de Chardin, filósofo e paleontólogo francês que o professor apresentara aos alunos ao indicar seus livros. Padre Jorge sorri diante daquele pedido inusitado e vai até a máquina de escrever para satisfazê-lo.*

*"Quando nos víamos na sala de aula, o mundo ainda estava dividido em dois blocos, meu caro José. E hoje, enquanto escrevo, aquele sistema entrou em colapso, falhou, não há mais Muro de Berlim!", escreve padre Jorge em uma das passagens de sua resposta.*

*Depois, liga o toca-discos e volta ao trabalho. Pelo menos, tenta. O pensamento retorna às imagens vistas na tela da televisão, envolvido pelas sinfonias de Wagner, revê aqueles sorrisos, aquelas lágrimas de felicidade, aquela alegria impossível de conter. Assim como reemergem as lembranças das palavras pronunciadas pelo presidente americano, Ronald Reagan, que o jesuíta leu pouco tempo antes no jornal; em 12 de junho de 1987, o inquilino da Casa Branca visitara Berlim Ocidental e, diante do Portão de Brandemburgo, dirigindo-se a uma multidão de quase 50 mil pessoas, dissera: "Este muro cairá [...]. Sim, em toda a Europa, este muro cairá. Porque não pode resistir à fé; não pode resistir à verdade. O muro não pode resistir à liberdade". Foi naquela ocasião que Reagan, durante o discurso, pronunciou uma advertência inesperada, peremptória e histórica ao secretário-geral do Partido Comunista da União Soviética: "Sr. Gorbachev, derrube este muro!".*

Depois, ele foi derrubado mesmo: o vento da mudança enfim chegara à Europa! Alguns dias após a queda do muro, lembro que João Paulo II escreveu ao episcopado alemão uma carta em que, manifestando a sua proximidade com aquele povo e dirigindo-se também a todos os católicos do país, garantia suas orações para que o Senhor, com a intercessão da Virgem Maria, pudesse realizar "as esperanças da humanidade na justiça, na liberdade e na paz interna e externa. Façam todo o possível", escreveu, "ainda que sejam um pequeno rebanho, para renovar a face da terra do vosso país, com a potência do Espírito de Deus, junto a todos os homens de boa vontade, unidos especialmente aos cristãos evangélicos".

Aquelas palavras não foram em vão: o povo alemão soube honrá-las ao caminharem juntos, em unidade, para voltarem a ser irmãos e irmãs depois que a divisão gerara morte e sofrimento. Como já mencionei, as imagens das pessoas idosas aos prantos me comoveram, mas me emocionei ainda mais com os abraços entre os membros de uma família que tinham sido separados pelo muro e, enfim, se reencontravam em Berlim Ocidental. Vi tudo isso com o coração cheio de uma alegria particular, pois, em minha família materna, houve, no passado, episódios de inimizade entre irmãos e primos, algo que me fez sofrer muito. Talvez também tenha sido por causa dessa difícil situação familiar que minha mãe e eu nos ligávamos muito a outras pessoas, como as senhoras que iam ajudá-la com os serviços domésticos. Para mim, eram como tias.

Lembro-me de Berta, uma senhora francesa na casa dos 60 anos: sua filha tinha sido dançarina e prostituta, e depois se casara com um vizinho nosso. Berta, na juventude, também havia sido dançarina em Paris e, embora vivesse em grande pobreza, que se somava à situação incômoda com a filha, conseguia manter uma dignidade única.

Depois, havia Concepción María Minuto, que chamávamos de Concetta. Ela ajudava minha mãe a lavar as roupas à mão e ia três ou quatro vezes na semana lá em casa. Lembro-me dela com grande afeição: ela me deu uma medalhinha da Nossa Senhora que ainda uso no pescoço. De origem siciliana, vivera a Segunda Guerra Mundial e tinha dois filhos, uma menina, a mais velha, e um menino. Costumava contar que, para trazer ao mundo o segundo filho, caminhara por muitos quilômetros até conseguir pegar o trem que a levaria ao hospital. Muita pobreza emergia de seus relatos, mas isso nunca a desencorajava e, acima de tudo, não afetava sua bondade de mulher simples.

Lembro que, em dado momento, seu filho decidiu formar a própria família e se casou, permanecendo na Argentina, mas Concetta e a filha se mudaram para a Itália. Depois de alguns anos, as duas voltaram para Buenos Aires. Eu já estava em San Miguel, e, um dia, foram me procurar. A pessoa que as recebeu me avisou:

— Padre, está aí a senhora Concepción Minuto para vê-lo.

Naquele momento eu estava muito ocupado e, por instinto, disse que não estava disponível. No dia seguinte, fui acometido de uma grande angústia, perguntava-me continuamente: "Por que me comportei assim com aquela mulher que conheço há tantos anos, que veio da Itália e pagou uma passagem de trem só para me encontrar em San Miguel?". Naquela noite, rezei muito e pedi perdão a Deus pelo meu gesto.

Alguns anos mais tarde, a filha voltou a me procurar e deixou um bilhete: "Sou a filha de Concetta, passei para cumprimentá-lo...". Eu a chamei na mesma hora. O filho, naquela época, tinha começado a trabalhar como motorista em Buenos Aires, e, às vezes, quando havia necessidade, eu o contratava. Um dia, me disseram que Concetta estava para morrer, e assim pude assisti-la espiritualmente em suas últimas horas de vida terrena. Penso muito nela, levo sempre comigo a medalhinha que me deu de presente e, toda vez que olho para o objeto, faço uma oração por ela.

Também gosto de lembrar da senhora María de Alsina. Era viúva há muito tempo e tinha uma filha que levava o mesmo nome. Nós as chamávamos de *Mari grande* e *Mari chica*. Essa senhora trabalhava na casa dos nossos vizinhos, um belo casal, um diretor de banco e uma professora que passavam o dia todo fora trabalhando. *Mari grande* era muito culta, amava ler livros de Filosofia e escutar ópera. Por isso eu gostava de convidá-la para ir comigo ver alguma peça teatral. Quando María estava para morrer, sua filha me ligou:

— Minha mãe está no hospital, são suas últimas horas...

Eram 21 horas, e fui imediatamente até lá para dar-lhe a unção dos enfermos. Depois de sua morte, a filha ficou sozinha, por isso minha irmã María Elena propôs que fosse morar em sua casa.

Tínhamos uma relação muito respeitosa com as empregadas domésticas, eram como nossas parentes. Infelizmente, como já mencionei, o ramo materno de nossa família era totalmente desunido. Minha mãe tinha cinco irmãos, e todos brigavam entre si. Poucas vezes encontrei meus tios e tias: uma delas foi deixada pelos filhos em uma casa de repouso, outro eu encontrei só uma vez, já adulto. Ver essas brigas, devo admitir, me feria muito.

Ao contrário das famílias berlinenses, que até aquele novembro de 1989 estavam separadas pelo muro, pela graça do Senhor podíamos nos ver sempre que queríamos, mas infelizmente não soubemos receber esse presente de Deus. A família é o primeiro lugar onde se aprende a amar, um conceito que sempre esteve bem nítido em minha mente! Mas também sabemos que todas as famílias carregam uma cruz, porque o Senhor também prevê esse caminho: incompreensões, dificuldades superáveis apenas com amor. O ódio, ao contrário, não possibilita a superação. Também por isso, fiquei comovido com as imagens dos abraços entre irmãos e primos que se reencontravam na fronteira entre o Ocidente e o Oriente: graças ao amor, também tinham superado aquela divisão, algo que nós não tínhamos conseguido.

Aquela foi uma das últimas vezes que assisti à televisão. No ano seguinte, na véspera da minha transferência para Córdoba, para onde fui enviado e onde eu ofereceria à comunidade jesuíta direção espiritual, em uma noite de inverno, precisamente 15 de julho de 1990, eu estava assistindo à televisão com meus irmãos na sala de recreação quando foram transmitidas cenas pouco *delicadas*, para usar um eufemismo.

Aquilo não fazia bem ao coração. Não foi nenhuma ousadia nem nada assim, mas, ao voltar para o quarto, disse a mim mesmo: "Um padre não pode ver essas coisas...". Assim, no dia seguinte, na missa para a festa de Nossa Senhora do Carmo, fiz um voto de não ver mais televisão. Apenas em raras ocasiões me permito, por exemplo, na posse de um novo presidente da República; também vi um pouco quando houve um acidente aéreo. E liguei a televisão para assistir à missa de domingo durante uma recuperação no hospital Policlinico Gemelli de Roma. Mas não acompanhei, por exemplo, a cerimônia de coroação do rei Charles III da Inglaterra ou outros eventos importantes do mundo. Não por desprezo, mas porque fiz esse voto.

Dito isso, permaneci em Córdoba por um ano, dez meses e treze dias, até maio de 1992. Um período muito longo e *obscuro* da minha vida. Obscuro porque, naquela época, vivia com o coração cheio de um espírito de quase derrota, pois não entendia bem por que tinha sido enviado para lá pelos meus superiores, mas aceitava a decisão com obediência. Na Europa, naquele mesmo ano, escrevia-se uma nova página da história.

# IX

# O NASCIMENTO DA UNIÃO EUROPEIA

O NASCIMENTO DA
UNIÃO EUROPEIA

A Residencia Mayor dos jesuítas está adormecida, as luzes de todos os quartos estão apagadas, a campainha ainda não despertou os irmãos para recitar os louvores e celebrar a missa. Todos ainda dormem, são apenas 4h30 da manhã. Fora da enorme estrutura de pedra e concreto, cercada no pátio interno por abacateiros e videiras, também não há vivalma. Na calle Caseros, uma das ruas mais movimentadas da cidade de Córdoba — a cerca de 700 quilômetros de Buenos Aires —, ainda reina o silêncio. Ouve-se apenas o barulho das escovas dos caminhões de lixo, que limpam as ruas desertas. Ao longe, ecoa o som de uma persiana sendo aberta: é a do padeiro do bairro, Gonzalo, que já começa o trabalho.

*Àquela hora, naquele verão quente de 1992, na residência dos jesuítas, apenas uma luz já está acesa, e faz algum tempo: a luz da cozinha. Padre Jorge, que em geral coloca o despertador para as 4h30, acordou antes do habitual. Depois de dedicar algum tempo à oração, banhou-se no banheiro comunitário no fim do corredor e retornou à sua cela de 12 metros quadrados no térreo para vestir depressa a batina, engraxar os sapatos e descer correndo. Levou um instante para arregaçar as mangas, colocar o avental branco e ir para o fogão. Não é sua rotina, é um caso excepcional: o ex-provincial dos jesuítas e ex-reitor do Colégio Máximo já está ali há quase dois anos, em um exílio decidido pelos dirigentes argentinos da Companhia de Jesus. Depois de doze anos de funções importantes na ordem, os novos superiores decidiram deixar Jorge de lado, e seus dias são marcados pelo silêncio e pela oração. Mas há também o tempo dedicado às confissões — alguns penitentes vêm de fora da cidade —, à escrita e ao estudo. Além disso, ajuda os irmãos mais velhos, dá uma mão na lavanderia e, raramente, permite-se um passeio fora da residência, para ir até a igreja dos Carmelitas Descalços ou à basílica de Nuestra Señora de la Merced.*

*Em vez disso, naquela manhã de verão, decidiu dar uma mão a Ricardo e Irma: o primeiro é o faz-tudo da residência, que ele conhece desde garoto, e a segunda é a cozinheira, prima de Ricardo.*

*Eles ainda não chegaram, mas padre Jorge decidiu ir adiante com o trabalho, porque é preciso preparar o almoço do casamento de Alejandra, a sobrinha de Ricardo. No dia anterior, os dois estavam ansiosos, preocupados por não saberem administrar o menu daquele pequeno banquete nupcial entre amigos e familiares. Assim, Bergoglio, já com 55 anos, ofereceu-se para cozinhar a carne e o timbale de arroz. Já colocou a vitela para ferver em dois grandes panelões e agora está descascando as batatas. Depois de ter alcançado o topo de sua ordem religiosa na Argentina, agora o jesuíta porteño parece ter retornado às origens do seu sacerdócio: vive um misterioso momento de análise da própria vida, de busca interior, longe de todos, na solidão. Na verdade, as más línguas o acusam de sofrer de alguma enfermidade mental. Certos jesuítas espalham fofocas sobre ele, realizando uma campanha de difamação: "Bergoglio é louco", dizem, mas a verdade é bem diferente.*

*Enfim, às 5h30, chega também Ricardo; ele mora na residência, mas saiu, como faz todas as manhãs, para buscar em uma banca vizinha o jornal La Nación, que mais tarde vai para a sala de leitura, à disposição de todos. Levou para padre Jorge alguns dos ingredientes do almoço: arroz e iogurte para preparar o timbale com Irma. Com o jornal em mãos, o jesuíta dá uma olhada rápida: concentra-se brevemente nos fatos da política argentina, mas, entre as notícias externas, nota um editorial que relata a assinatura, em 7 de fevereiro, do Tratado de Maastricht, o acordo entre doze países que estabelece o nascimento da União Europeia. O documento, que entrará em vigor em novembro de 1993, dá início à união monetária e econômica, prevê a instituição de um banco central e da cidadania europeia e, entre outras coisas, também reforça os poderes do Parlamento Europeu.*

*Padre Bergoglio lê depressa, está ocupado preparando o almoço e não tem muito tempo para dedicar àquele longo comentário: depois de correr as primeiras linhas, fecha o jornal e volta ao fogão.*

Devo admitir que, a princípio, não me demorei muito lendo aquela notícia sobre a distante Europa, não dei muita atenção, e talvez a tenha subestimado um pouco. Depois, com o tempo, pude aprofundar-me, e devo dizer que, lendo melhor sobre o que aquele tratado previa, gostei muito: o nascimento da União Europeia foi uma das coisas mais bonitas concebidas pela criatividade política. Aqueles doze países tinham encontrado a chave para conquistar com sucesso a subsidiariedade, seguindo o caminho traçado pelos pais fundadores. Como destacou um jesuíta francês, padre Pierre de Charentenay, a União encarna, em âmbito europeu, o que a Igreja em seus documentos — por exemplo a encíclica social de João

XXIII, *Mater et magistra*, e também a de Bento XVI, *Caritas in veritate* — apela a um âmbito global: a existência de uma autoridade com múltiplas competências que possa evitar a deriva do nacionalismo.

Também por esse motivo, hoje mais do que antes, os cristãos são chamados a dar sua contribuição para a Europa. Podem fazer isso de duas formas: primeiro, lembrando que o continente não é um conjunto de números, mas de pessoas; cada vez mais, fala-se de cifras, quotas, indicadores econômicos, limiares da pobreza, em vez de falarmos de cidadãos, migrantes, trabalhadores, pobres. Tudo está reduzido ao conceito abstrato para que, em nível político, possa ser gerido mais tranquilamente, sem criar alarmismos e sem perturbar quem ouve. Mas, se não falamos de forma clara das pessoas, que têm um coração e um rosto, então esses argumentos continuarão sempre sem alma.

Em segundo lugar, outra contribuição que os cristãos podem dar é redescobrir o sentido de um pertencimento a uma comunidade. Esse é o verdadeiro antídoto para o individualismo, para a tendência atualmente difundida, sobretudo no Ocidente, de viver na solidão. Isso é grave quando dá origem a uma sociedade que não tem sentido de pertencimento e de herança. Vemos isso, por exemplo, ao abordar a questão dos imigrantes: parece haver duas Europas, com alguns países que pensam poder viver muito bem a vida olhando apenas para si mesmos e deixando outros membros da União — como os do Mediterrâneo: Itália, Malta, Espanha, Grécia e Chipre — à mercê dos acontecimentos, numa situação de emergência. Isso não é construção de comunidade, é viver um individualismo suicida que só pode levar à autodestruição. É preciso que todos, de norte a sul, façam sua parte para acolher, proteger, promover e integrar os imigrantes.

No entanto, se o jogo é jogado sozinho, também será criado um descolamento emocional entre os cidadãos e as instituições europeias, que podem ser vistas como distantes e desatentas às necessidades dos indivíduos. A Europa é, acima de tudo, uma família de povos: por isso, o governo central deve levar em conta as necessidades de cada país, respeitando-o em sua identidade e intervindo caso necessitem de assistência em qualquer campo.

De volta ao Tratado de Maastricht, quando li a notícia no *La Nación*, o jornalista que relatava a novidade recordou que a Europa, depois da queda do Muro de Berlim, precisava se unir, pois só assim conseguiria se fortalecer para superar todos os conflitos e acabar com as divisões do segundo pós-guerra. Naquele período da vida, contudo, minha atenção estava dirigida a outros conflitos: conflitos internos, do meu coração.

Eu já estivera em Córdoba como noviço, em 1958, no Instituto Sagrada Familia do bairro Pueyrredón. Entre minhas tarefas, além de assistir algumas pessoas idosas, estava reunir as crianças dos recantos mais pobres, que viviam nos bairros nos arredores do hospital Tránsito Cáceres de Allende, no sábado à tarde e no domingo de manhã, para lhes dar o catecismo em preparação à primeira comunhão. Nós nos encontrávamos no pátio interno da casa dos Napoli, uma família muito generosa de origem siciliana. O casal tinha dois filhos e, junto a todas as outras crianças, uma dezena no total, todos os fins de semana nos sentávamos sob uma árvore do pátio para a aula de doutrina. Ao final, às vezes eu lhes dava balas e também jogávamos bola. Nunca fui muito bom jogando bola, desde garoto me colocavam no gol porque os companheiros do time diziam que eu tinha perna de pau, mas aquele era um modo de fazê-los relaxar e socializar no fim do encontro. Na semana seguinte, eu lhes fazia algumas perguntas sobre os temas tratados e, caso respondessem corretamente, eu lhes dava santinhos ou alguma medalhinha de Nossa Senhora. Certa vez, lhes ensinei algumas canções populares italianas, as que papai escutava em casa quando éramos crianças e que, portanto, eu sabia de cor. Lembro, por exemplo, de "O Sole mio" ou "Dove sta Zazà" ou, ainda, "Torna piccina", sucessos muito ouvidos pelos italianos que viviam em Buenos Aires nos anos 1940.

Em 1990, quando retornei a Córdoba *en destierro*, em exílio por punição, o cenário era totalmente diferente: eu tinha guiado a província argentina dos jesuítas, tivera cargos de grande responsabilidade, e agora voltara a ser um simples confessor, um ofício muito bonito e importante.

Naquela época, prevalecia a escuridão, uma sombra que me levava a trabalhar em mim mesmo, o que me permitiu transformar a situação em um momento de purificação interior. Naqueles momentos, a espiritualidade inaciana foi o meu farol, mas também estou convencido de que o Senhor me permitiu viver aquele período de crise para me colocar à prova e poder ler melhor meu coração. Naqueles quase dois anos, pensei muito em meu passado, no meu período como provincial, nas escolhas que fiz de forma instintiva e personalista, nos erros cometidos por causa do meu comportamento autoritário, a ponto de ter sido acusado de ser ultraconservador.

Então, convenci-me cada vez mais de que aqueles anos de silêncio, na cela número 5 da residência de Córdoba, serviram para que eu pudesse entender como olhar para a frente com serenidade. Com o tempo, houve quem enfatizasse um pouco demais o que aconteceu naquela fase obscura de minha vida: disseram que houve assédio moral contra mim, telefonemas que não me eram passados ou cartas que não eram entregues. Não é verdade, seria injusto dizer que as coisas foram assim. Podem ter pensado que, naquela idade, fosse humilhante ocupar-me dos irmãos doentes, lavá-los ou dormir ao lado deles para lhes dar assistência, ou ajudar na lavanderia. Para mim, porém, era algo espontâneo, e creio que seja uma experiência fundamental para qualquer pessoa que deseje realmente encontrar Jesus Cristo. Colocar-se a serviço dos mais frágeis, dos pobres, dos mais necessitados, é o que todo homem de Deus, em especial quem está nos cargos mais altos da Igreja, deveria fazer: é preciso que o pastor carregue o cheiro das ovelhas.

Porém, é verdade que, naquela fase, fiquei muito fechado em mim mesmo, um pouco deprimido: eu passava a maior parte do tempo na residência, raramente saía. Tinha muito tempo livre e alternava o estudo com as confissões, a leitura dos documentos do Papa João Paulo II e dos livros do então cardeal Joseph Ratzinger, para a minha tese de doutorado, além do estudo de quase toda a história dos papas escrita pelo historiador Ludwig von Pastor. Devorei 37 dos 40 volumes, um belo recorde! E, pelo destino que teve a minha vida, devo dizer que aquela leitura se tornou bastante útil.

Naquele período, comecei a escrever dois livrinhos: *Reflexiones en esperanza* [Reflexões sobre a esperança] e *Corrupción y pecado* [Corrupção e pecado]. Neste último, inspirado por um artigo do jornalista Octavio Frigerio intitulado *Corrupción, un problema político*, isto é, "Corrupção, um problema político", há uma passagem que, ao reler depois de tantos anos, fez-me pensar em alguns escândalos que também implicaram as instituições europeias: "Quando um corrupto exercita o poder, sempre envolverá os outros em sua corrupção e os rebaixará ao seu nível. A corrupção fede, e é como o mau hálito: dificilmente quem tem, sabe. São os outros que percebem e precisam avisar. Por isso, o corrupto dificilmente consegue sair de sua condição por remorso. Anestesiou a bondade do espírito".

*O mês de maio já chegou. Padre Jorge, depois do almoço no refeitório, sobe ao primeiro andar e para, como faz todos os dias no início da tarde, para rezar diante da pequena estátua de São José com o menino Jesus nos braços. Apoia a mão no vidro que protege o santo e inclina a cabeça. Os irmãos que descem ou* sobem as escadas o veem ali, imóvel, imerso na oração, totalmente alheio às coisas terrenas. De volta ao quarto, põe-se à escrivaninha e tira do armário a máquina de escrever, mas é avisado pela campainha Morse, com o código ponto-linha-ponto, que há um telefonema para ele. Chega à cabine com o receptor e passam-lhe uma chamada muito urgente de Buenos Aires. É o núncio apostólico, o arcebispo Ubaldo Calabresi. Não é nenhuma surpresa para padre Jorge: os dois se falam com frequência. O núncio o consulta periodicamente a fim de lhe pedir opiniões sobre nomes de possíveis novos bispos. Dessa vez, porém, o alto prelado não quer ficar muito tempo na linha, quer encontrar o jesuíta pessoalmente, no aeroporto de Córdoba, onde fará escala antes de retornar à capital.

— Estarei lá, Excelência... — assegura o sacerdote. E desliga.

Padre Bergoglio não tem muito tempo se quiser chegar ao seu compromisso pontualmente, mas, antes de sair para o ponto de ônibus que o levará ao aeroporto, para um instante no interior da Capela Doméstica, aonde vai todos os dias recitar o Rosário, para uma prece à Nossa Senhora de Fátima. É o dia 13 de maio, o dia em que a Igreja recorda a primeira aparição da Virgem aos três pastores portugueses, em 1917. Também passa na sala de leitura e pega um dos jornais à disposição para ler durante a longa viagem de ônibus, certo de que os irmãos não se ressentirão; há outros *jornais, e ele poderá devolvê-lo a tempo se alguém desejar folheá--lo depois do jantar.*

*A bordo do ônibus, sentado ao lado de uma mulher que amamenta seu bebê, o jesuíta abre o jornal com curiosidade e é impactado pela foto da rainha Elizabeth II, que no dia anterior, 12 de maio de 1992, depois de assinar o Tratado de Maastricht, fez um discurso histórico para o Parlamento Europeu, reunido em Estrasburgo. O artigo traz alguns trechos do discurso da soberana britânica, que padre Jorge começa a ler com interesse:*

"Todos nós estamos tentando preservar a rica diversidade dos países europeus, pois, se tal diversidade fosse suprimida, a Europa ficaria enfraquecida, não fortalecida. Para que sejam eficazes, as decisões devem ser tomadas com a maior proximidade possível dos cidadãos. Ao mesmo tempo, contudo, devemos reforçar a capacidade dos europeus de agirem em base europeia, quando a natureza ou a escala de um problema exige uma resposta europeia. Esse é o equilíbrio necessário alcançado em Maastricht. Estou aqui, hoje, bastante consciente das diferenças entre as tradições parlamentares nacionais no interior da Comunidade. Os eurodeputados britânicos sem dúvida levaram para as deliberações dessa assembleia os tons vigorosos dos debates mantidos em Westminster: um estilo que pode até se tornar agressivo, como descobriram alguns dos meus antepassados. Mas as diferenças de estilo e de opinião são insignificantes quando comparadas com o firme compromisso dos europeus de hoje com a reconciliação e a democracia. Os discursos duros e as polêmicas de um debate genuíno, dos quais este Parlamento é um fórum, são muito melhores do que uma uniformidade enfadonha".

A rainha Elizabeth tinha razão em seu discurso, um dos deveres da Europa estava se delineando naqueles anos: o de preservar e cultivar a diversidade de seus vários países. O projeto era ambicioso e seguia o caminho indicado pelos pais fundadores da União Europeia, com seu sonho de harmonizar as diferenças.

Durante minha viagem a Budapeste, em abril de 2023, encontrei autoridades, expoentes da sociedade civil e do corpo diplomático; naquela ocasião, recordando o discurso que proferi no Parlamento Europeu de Estrasburgo em 2014, falei da necessidade de a Europa não ser refém de suas partes, vítima de um populismo autorreferencial, e de não se transformar em uma realidade fluida que esquece a vida dos povos. Falei da necessidade de harmonia e de que cada parte se sinta integrada ao conjunto e conserve, ao mesmo tempo, a própria identidade; cada povo traz as suas riquezas, a sua cultura, a sua filosofia, e deve poder manter essa riqueza, cultura e filosofia, harmonizando-se nas diferenças.

O problema é que hoje isso não acontece mais, o sonho dos fundadores parece distante. E, se falei sobre isso em Budapeste, é porque espero que as palavras sejam ouvidas tanto pelo primeiro-ministro húngaro, Viktor Orbán, a fim de entender a necessidade de unidade, quanto por Bruxelas — que parece desejar uniformizar tudo —, para que respeite a singularidade húngara.

João Paulo II também sempre falou dessa necessidade em Estrasburgo. Em 1988, antes ainda da queda do Muro de Berlim, ele fez um memorável discurso no Parlamento Europeu. Esclareceu muito bem o conceito, acrescentando que os europeus deveriam aceitar uns aos outros, ainda que pertençam a tradições culturais ou correntes de pensamento distintas, e acolher também as pessoas estrangeiras e refugiadas, abrindo-se para as riquezas espirituais dos povos dos outros continentes.

Essa é uma visão cristã que nos permite encontrar na história da Europa uma relação contínua entre céu e terra, onde o céu indica a abertura ao transcendente, a Deus, que sempre caracterizou o povo europeu. A terra representa, em oposição, a sua capacidade prática e concreta de enfrentar as situações e os problemas. O futuro da Europa — a velha Europa, cansada e estéril — depende da descoberta da conexão vital entre esses dois elementos. Uma Europa que não é mais capaz de se abrir à dimensão transcendente da vida é uma Europa que lentamente corre o risco de perder a própria alma, e também aquele *espírito humanista* que ama e defende.

É necessário que a União acorde hoje do torpor, para voltar a fazer nascer um novo humanismo baseado em três capacidades: integrar, dialogar e gerar. Afinal, se for preciso, o Velho Continente é capaz de recomeçar do zero. Demonstrou isso muito bem depois da Segunda Guerra Mundial, quando tudo precisava ser reconstruído. E conseguiu porque nunca faltou esperança nos corações de quem estava fundando esse novo sujeito político, colocando os seres humanos no centro de tudo. A esse respeito, é fundamental que se pense na formação de pessoas que leiam os sinais dos tempos e saibam interpretar o projeto europeu na história de hoje. De outra maneira, prevalecerá apenas o paradigma tecnocrático que não atrai as novas gerações e marcará o fim desse projeto.

De volta àquela tarde de 13 de maio de 1992, meu ônibus, enfim, chegou ao aeroporto de Córdoba, estranhamente um pouco adiantado. Acredito que o que aconteceu em meu encontro com o núncio Calabresi, um grande homem a quem devo tanto, já seja de conhecimento público. Primeiro, abordou vários assuntos, fazendo-me diversas perguntas sobre os temas mais diversos. Então, de repente, enquanto já estava se aproximando de seu portão de embarque, deu-me a notícia que mudaria a minha vida:

— Gostaria de lhe dizer que foi nomeado bispo auxiliar de Buenos Aires por João Paulo II, e a nomeação será publicada dentro de sete dias, em 20 de maio. Por favor, não mencione isso a ninguém.

Fui pego totalmente de surpresa: fiquei imóvel, sem dizer uma palavra, mudo como sempre acontece quando alguém me diz algo inesperado. Ainda acontece muito! Contudo, para respeitar o pedido do núncio apostólico, mantive o mais completo sigilo, a começar daquela noite, durante o jantar no refeitório com o superior e os outros irmãos. A notícia permaneceu secreta até a publicação. O cardeal Antonio Quarracino, arcebispo de Buenos Aires, que tive a felicidade de conhecer muitos anos antes, quando eu pregava os exercícios espirituais e ele ainda era arcebispo de La Plata, quis-me como colaborador próximo, e por isso me tornei um dos quatro auxiliares escolhidos por ele.

Depois da ordenação episcopal na catedral da cidade, diante da Praça Maio, o arcebispo me enviou como vigário episcopal a Flores, o bairro da minha infância, onde cresci e para onde retornava, aos 55 anos, como pastor. Havia um ar de grande festa, minha fase obscura era apenas uma lembrança, e o Senhor desejava que eu começasse um percurso ao lado do povo, levando a palavra e o conforto de Cristo às famílias mais necessitadas de atenção que viviam nas *villas miserias*.

Naquele período, também conheci um sacerdote que tinha vocação para trabalhar nas favelas, padre Pepe Di Paola. Em 1994, quando eu já tinha sido nomeado vigário geral, enviei-o como pároco para a Ciudad Oculta e, alguns anos depois, para Villa 21, ambas áreas degradadas de Buenos Aires. Trabalhava com meninos, meninas e pessoas indigentes, e lembro que ia encontrá-lo com frequência, pois, como já mencionei, sempre considerei fundamental que o pastor esteja em meio a todas as suas ovelhas. Se algum padre adoecesse ou faltasse por alguma necessidade, eu ajudava celebrando missa ou confessando. Procurava estar sempre presente também nas procissões organizadas pelos *curas villeros*, os padres das favelas coordenados pelo padre Pepe, caminhando em meio àquela gente que buscava Jesus: a piedade popular é o sistema imunológico da Igreja!

Esses foram alguns dos momentos mais bonitos da minha vida. Entre aquelas ruas poeirentas, também encontrei o Senhor, que me orientava a não abandonar aquelas pobres almas. Mas também havia momentos dedicados a escutar suas histórias, aceitando convites para entrar em suas moradas, beber um copo de mate e trocar algumas palavras, como fazem os velhos amigos. Não eram sempre histórias divertidas, e não íamos ali para rir; enxuguei muitas lágrimas, porque aquelas pessoas viviam em meio à miséria, em casas de tijolo e chapas de metal, em meio aos cães vadios, sem água potável. A criminalidade e o narcotráfico são os verdadeiros dominadores dessas áreas desfavorecidas: as crianças, deixadas em liberdade, são envolvidas desde muito novas no tráfico de drogas. A presença da Igreja era então fundamental, assim como continua sendo necessária hoje, para fazer um trabalho de prevenção, orientando especialmente os pequenos na direção de um futuro límpido e distante desses males que corrompem a alma.

Nas periferias, o trabalho da Igreja é crucial, sobretudo quando o Estado é ausente! Padres e freiras, com sua presença e suas palavras, podem fazer a diferença e ajudar os mais jovens a trilhar o caminho certo para não terminarem presos em espirais dramáticas que destruiriam para sempre suas vidas. Ouvir essas pessoas com paciência e espírito aberto, os pais em crise, os meninos e as meninas de rua, pode realmente melhorar as coisas. Vivi isso pessoalmente, ouvindo e conversando, ainda hoje, com centenas de pessoas que vivem à margem da sociedade.

Alguns anos depois, em 1997, o núncio apostólico me surpreendeu pela segunda vez: no fim de um almoço como tantos outros, mandou trazerem uma torta e uma garrafa de champanhe para brindar. Perguntei se era seu aniversário.

— Não é meu aniversário — disse ele. — Isto é para você!

Fiquei mudo de surpresa de novo, não entendi. Então ele acrescentou:

— A partir do dia 3 de junho, você será o novo arcebispo coadjutor de Buenos Aires.

Em essência, eu adquiria o direito de sucessão quando o arcebispo se aposentasse por ter alcançado a idade limite. Infelizmente, o cardeal Quarracino morreu alguns meses depois daquela nomeação, antes de completar 75 anos, a idade canônica para apresentar a demissão. Assim, em 28 de fevereiro de 1998, de repente me vi liderando a grande arquidiocese *porteña*.

Realizei essa delicada tarefa com uma única prioridade: estar a serviço do povo argentino, especialmente aqueles atingidos pela miséria e pela pobreza. Foi um desafio e um grande presente poder levar o Evangelho de Jesus Cristo seja entre os poderosos, muitas vezes impassíveis porque se distraem com outros interesses e com uma sociedade cada vez mais "líquida", seja entre os mais humildes, os favoritos do Senhor, que com seus olhos desejosos de amor e seus silêncios ensurdecedores me ensinaram muito. Naqueles belos anos, apertei mãos enrugadas e feridas de gente faminta, que não tinha comida há dias. Mãos que roubaram para poder alimentar os filhos, mãos que buscaram ajuda para mudar de vida e melhorar. Acariciei rostos de jovens e de anciãos, abandonados à beira da estrada sem mais esperança, rostos de mulheres cuja dignidade fora roubada, rostos de pais aterrorizados e de mães atormentadas pela indiferença. Rostos de meninos e meninas cujo futuro fora roubado. E, em todos eles, sempre encontrei o único Salvador, Jesus Cristo, que é o caminho, a verdade e a vida.

É um dom, todos devem conhecê-lo, todos devem experimentá-lo: sujamos as mãos, damos sentido à nossa existência buscando Deus em meio aos pobres, tocando suas mãos, olhando-os nos olhos. Em meio aos invisíveis de nossa cidade, acolhendo-os e sustentando-os, colheremos benefícios, e nossa vida será melhor! Mesmo agora, como papa, longe das ruas da Argentina, sei que esse é o único caminho, em conjunto com a oração, para que se possa sentir todos os dias a presença do Senhor: basta um almoço com os pobres, basta um encontro, um olhar, para encontrar a força necessária para seguir em frente!

De volta àqueles anos, sabendo que Buenos Aires era agora uma sede historicamente cardinalícia, eu esperava alcançar também a cor púrpura: e assim aconteceu. Em 2001, João Paulo II decidiu me escolher como cardeal junto a outros 43 irmãos. Mais uma novidade que vivi religiosamente, em oração, com a certeza evangélica de que toda subida implica uma descida. O consistório ocorreu em 21 de fevereiro, na praça de São Pedro, em Roma. Ninguém poderia imaginar que, naquele mesmo ano, o mundo inteiro seria impactado pelos ataques terroristas do 11 de Setembro, nos Estados Unidos.

# X

## OS ATAQUES TERRORISTAS DO 11 DE SETEMBRO

OS ATAQUES TERRORISTAS
DO 11 DE SETEMBRO

*No arcebispado, há um constante vaivém de pessoas: emprega-
dos, faxineiros, técnicos, zeladores, padres, freiras; há quem já esteja no trabalho desde as 7h30 da manhã e quem esteja prestes a
entrar no serviço porque vai trabalhar até a noite. É um dia como
qualquer outro na Avenida Rivadavia, um caminhão estacionado
em frente ao edifício descarrega caixas contendo artigos de pape-
laria, um eletricista sobe na escada para substituir as lâmpadas
queimadas dentro de alguns escritórios da Cúria.*

*Entre esses, está o da senhora Otília, secretária do arcebis-
po, que, entre um cigarro e outro, com um ouvido dá atenção ao
técnico e com outro se mantém atenta para captar eventuais li-
gações na sala do cardeal, o arcebispo Bergoglio. A mulher está*

um pouco aflita porque, como quase todos os dias, uma lista in-
terminável de pessoas virá para ser recebida pelo cardeal, e ela
também precisará se dedicar a acolhê-las. Não conhece as pessoas,
não tem seus números de telefone, quase todos os compromissos foram marcados diretamente pelo arcebispo, que mantém
uma agenda pessoal em que anota tudo. Naquela manhã gela-
da de setembro, padre Jorge — como tantos continuam a cha-
má-lo, em vez de Eminência — chegou cedo como nos outros
dias, usando colarinho e com a bolsa preta a tiracolo. Mora em
um pequeno apartamento no terceiro andar do arcebispado: um
quarto com banheiro, uma sala com escrivaninha e uma estante
de livros, além de uma minúscula capela. Ao contrário de tantos
outros cardeais, as vestes clericais em seu armário não foram feitas sob medida; são as já utilizadas por Quarracino, remenda-
das e ajustadas pelas freiras.

Numa prateleira do quarto, deixa uma estatueta de São
Francisco de Assis, além de uma imagem de Santa Teresinha
de Lisieux, de quem é devoto, e um grande crucifixo diante do
qual reza todos os dias, com a mão apoiada na parede. Em outro móvel, fica o São José dormindo, que mantém desde os tempos de provincial dos jesuítas e sob o qual de tempos em tempos
enfia as folhinhas em que escreve todas as situações difíceis
que precisa superar.

*No elegante bairro de Olivos, a cerca de 20 quilômetros do centro da cidade, ficaria a enorme e elegante residência do arcebispo, mas ele a transformou em uma casa para exercícios espirituais. O novo cardeal também renunciou ao histórico escritório do arcebispo, instalando-se em um cômodo menor e austero, e transformando a sala bem mais luxuosa que lhe pertenceria em um depósito de livros, objetos e produtos alimentícios para presentear — o jesuíta conservou o hábito de distribuir a quem tem mais necessidade tudo o que recebe de presente. Além disso, deslocando-se de metrô ou ônibus, não precisa nem mesmo da limosine com motorista, para quem encontrou um novo trabalho.*

*Foi durante uma dessas viagens em transporte público que, no dia anterior, o senhor de 64 anos conheceu um pequeno grupo de jovens professores e professoras que, depois de uma breve conversa, e com uma pitada de atrevimento, pediram-lhe uma entrevista para o dia seguinte, em ocasião do día del maestro, o dia dos professores. Na Argentina, em 11 de setembro, os professores das escolas são celebrados em memória de Domingo Faustino Sarmiento, ex-presidente argentino e escritor que dedicou boa parte da vida ao desenvolvimento da educação pública no país. Bergoglio, de volta à casa, verificou sua agenda e, na mesma noite, telefonou a um daqueles jovens para confirmar a audiência do dia seguinte. Agora, estão todos na lista das reuniões matutinas que a secretária tem em mãos.*

*São 10h20, uma pequena delegação de empresários acaba de sair do gabinete do cardeal, e a porta está outra vez aberta. Da sua sala, porém, padre Jorge ouve conversas agitadas; alguém chega a levantar a voz: há um estranho movimento de pessoas, gente saindo dos escritórios. Ele também se aproxima da porta e percebe um pequeno grupo de colaboradores da Cúria imóvel diante de um pequeno televisor. Ao se aproximar, vê uma cena que parece a de um filme. Mas é a realidade: uma edição extraordinária do noticiário transmite as imagens de uma das Torres Gêmeas de Manhattan, a torre norte, que está em chamas. O correspondente dos Estados Unidos informa ao vivo, por telefone, que um avião se chocou contra o arranha-céu.*

*Padre Jorge checa as horas no relógio de pulso. Já são 10h30, o horário de outra visita, mas o que vê na televisão é inacreditável e deixa-o paralisado. Não tem tempo de perguntar o que havia acontecido, pois um segundo avião se choca contra a outra torre do World Trade Center, a torre sul. Faz apenas meia hora que tudo aconteceu — a televisão argentina organizou aquela edição extraordinária o mais rápido possível, e agora está recebendo as primeiras imagens gravadas das principais redes americanas.*

— *Mãe de Deus...*

*São suas primeiras e únicas palavras, pronunciadas num sussurro. Ele fecha os olhos, inclinando a cabeça e recolhendo-se em oração. Uma nuvem de fumaça escura invade as ruas de Manhattan, pessoas cobertas de poeira tentam fugir, alguém se lança das torres em chamas, outras pessoas, que conseguiram escapar dos prédios, os rostos cobertos de sangue, pedem socorro. Ouve-se as sirenes do Corpo de Bombeiros, das ambulâncias, há quem chore, quem grite. Uma cena apocalíptica: os Estados Unidos estão sob ataque. A contagem será de quase três mil mortos.*

Meu coração se despedaçou diante daquelas imagens; estávamos presenciando algo chocante, que nunca teríamos imaginado. Meu primeiro pensamento foi imediatamente a todas aquelas pessoas dentro das torres, depois a seus familiares, porque, sem dúvida, passariam dias dramáticos. Recolhi-me em oração, pedindo ao Senhor para aliviar o sofrimento daquelas pessoas e acolher em sua presença as vítimas inocentes daquelas ações desumanas. Chorei por elas. Naquela manhã, vi apenas a cena do segundo avião se chocando contra a torre; depois, mostraram-me também as imagens do primeiro e do ataque contra o Pentágono, assim como da queda do avião na Pensilvânia. Os rostos daqueles americanos perdidos, sem rumo, cobertos de poeira ou em meio aos destroços, fugindo ou recebendo socorro, ficaram impressos em minha mente. Que tristeza... Sempre que penso neles, vêm-me à mente as imagens das guerras ao redor do mundo e do sofrimento de quem é atacado por bombas. A guerra, naquele 11 de setembro de 2001, chegara ao coração do Ocidente; já não era mais algo que só dizia respeito ao Oriente Médio ou a algum país da África ou da Ásia, muitas vezes pouco conhecido pelos habitantes do chamado primeiro mundo: os Estados Unidos, reconhecidos como uma das maiores potências do mundo, tinham sido atacados.

A princípio, quando o primeiro avião bateu no arranha-céu, todos pensaram que fosse um acidente, mas depois, com o segundo, a verdade ficou evidente: havia um ataque terrorista em curso, e o mundo estava retornando ao pesadelo da guerra. Naqueles dias, alguns teóricos da conspiração chegaram a levantar a hipótese, escrevendo nos jornais ou na internet, de que naquela manhã todos os judeus que trabalhavam no World Trade Center tinham faltado ao trabalho por terem sido avisados com antecedência sobre o que aconteceria. Essa grave acusação criava uma ferida talvez ainda mais profunda do que tudo o que acontecera naqueles dias, pois apontava o dedo contra um povo inocente, que ao longo da História tinha sido vítima de um genocídio e clamava por vingança na presença de Deus. O desespero era geral, sem distinção de religião: naquele dia, foram derramadas lágrimas de dor diante de um fratricídio, diante da incapacidade de fazer coexistirem pelo diálogo as nossas diferenças; foi uma perda injusta e insensata de inocentes, com um ato de violência sem precedentes, a negação de qualquer religiosidade autêntica.

É uma blasfêmia, como aconteceu então, utilizar o nome de Deus para justificar massacres, assassinatos, ataques terroristas, perseguição de pessoas e de populações inteiras. É dever dos homens da Igreja denunciar e trazer à luz toda tentativa de justificar qualquer forma de ódio em nome da religião e condenar quem pratica essa falsificação idólatra de Deus.

No dia dos atentados de 11 de setembro, a morte parecia ter tomado conta de tudo, mas uma pequena chama permanecia acesa na escuridão: a chama do amor. Em meio àquela dor excruciante, o ser humano soube mostrar sua melhor face, a face da bondade e do heroísmo. Lembremos de quem se colocou à disposição para dar suporte aos socorristas, de quem distribuiu água e alimentos, de quem manteve seu negócio aberto para dar assistência às forças da ordem, de quem levou cobertas e artigos de primeira necessidade, ainda que de longe. Pensemos nas mãos estendidas em uma metrópole que talvez parecesse orientada apenas ao lucro, mas que, em vez disso, mostrou-se capaz de gerar solidariedade.

Naquele momento, as diferenças de religião, de sangue, de origem, de política foram derrubadas em nome de uma fraternidade sem fronteiras. Todos eram americanos, e tinham orgulho disso! Também penso nos policiais e nos bombeiros de Nova York, que entraram nas torres já próximas do colapso para salvar o máximo de vidas humanas possível. Arriscaram tudo, puseram a vida dos outros à frente das próprias: alguns tombaram em serviço, outros conseguiram salvar muitas pessoas enquanto a devastação dominava tudo ao redor.

Em 2015, quis visitar aquele lugar, o Memorial do Marco Zero, para um encontro inter-religioso. Todos rezamos juntos ao Senhor para nos fortalecer a esperança e conceder-nos a coragem de trabalhar por um mundo em que a paz e o amor reinem entre as nações e no coração de todos. Naquela ocasião, pude também encontrar os familiares de alguns dos socorristas mortos em serviço, vi em seus olhos uma dor insuperável, mas também a força da lembrança e do amor. Muitos perdoaram, honrando seus entes queridos, que nunca teriam buscado vingança. Nosso compromisso com a paz deve ser diário, em especial para aqueles países onde a guerra parece não ter fim.

No dia seguinte aos ataques, 12 de setembro de 2001, todos rezamos em comunhão com o Papa João Paulo II, que, na audiência geral, elevou sua súplica a Deus, pedindo-lhe "em face do horror e da violência destruidora" que viesse em nosso socorro naqueles dias de luto e de dor dos inocentes. Em seu discurso, o papa disse que estávamos vivendo um dia de escuridão na História da humanidade e que os acontecimentos nos Estados Unidos eram uma terrível ofensa à dignidade do homem. Também tivemos a oportunidade de conversar sobre isso pessoalmente, com ele e com outros irmãos cardeais, no fim do mês, quando cheguei ao Vaticano para a Assembleia Geral do Sínodo dos Bispos, dedicada à figura dos bispos.

*Enquanto a primavera abre caminho em Buenos Aires, em Roma o outono cria um espetáculo único: as folhas amareladas das árvores que margeiam o Tibre rodopiam no ar, acariciadas pelo vento. Os reflexos dourados do sol se entrelaçam às cores quentes da estação, enquanto as sombras se alongam sobre as margens do rio. A água espelha as estátuas majestosas da Ponte Sant'Angelo.*

*Algumas figuras envoltas em casacos escuros buscam, com passo determinado, abrigo das primeiras rajadas de vento, agora frio.*

*Padre Jorge chegou há pouco mais de uma semana. É a terceira vez que visita a Itália desde o consistório de fevereiro; fez uma breve parada em Turim para cumprimentar alguns parentes; hospedou-se na casa de Carla, depois chegou à capital para participar do Sínodo, que durará até o fim de outubro. A poesia daquelas paisagens de cartão-postal é quebrada pelo caos matutino e pela buzina dos carros. A Lungotevere está parada, as motos tentam ultrapassar, pela direita e pela esquerda, a infinita coluna de carros. Um taxista, abrindo a janela, reclama com outro motorista, enquanto o condutor de um ônibus, mais um que avança lentamente por causa do engarrafamento, tenta manter sob controle o grupo de universitários que reclama do atraso. Os turistas seguem a pé, em grupos, rumo à Praça de São Pedro. Muitos tiram fotografias à margem do Tibre e buscam o melhor enquadramento para mostrar aos amigos quando voltarem para casa.*

*Naqueles dias, as bancas exibem revistas e jornais dedicados aos ataques terroristas do 11 de setembro. Mesmo na Itália ainda se fala sobre o assunto. Não se passou um mês desde a tragédia, e, em 7 de outubro, a operação Enduring Freedom, do governo americano e seus aliados, começou no Afeganistão: bombardeios aéreos em apoio aos rebeldes e ataques por terra, após a recusa do líder do Talibã, mulá Omar, de entregar o chefe da al-Qaeda, Osama bin Laden, a mente por trás dos atentados nos Estados Unidos. Em suma, o mundo está em guerra novamente.*

*Ao passar apressado, o cardeal Bergoglio também dá uma rápida olhada naqueles jornais. Por sorte, ele não está parado no trânsito, pois vai a pé como em todas as manhãs: uma caminhada de cerca de 25 minutos sob o sol pálido do outono romano, da residência dos sacerdotes em Via della Scrofa, a dois passos da Piazza Navona, até o Vaticano, onde acontece o Sínodo dos Bispos. O cardeal argentino é vice-presidente geral da assembleia e todos os dias trabalha em estreito contato com os bispos e cardeais de todo o mundo para redigir as Propositiones, que resumirão o fruto das discussões e intervenções dos participantes.*

*Em 2 de outubro, o jesuíta também interveio na assembleia para compartilhar seus pensamentos sobre a figura do bispo, destacando que, na sua opinião, os pastores devem ter predileção pelos pobres e um espírito missionário, além de serem profetas da justiça acima de tudo, em particular para os que estão à margem da sociedade. O cardeal porteño leu na sala, em sua língua materna, o breve discurso, retomando uma meditação de 1996, escrita em ocasião dos exercícios espirituais em que guiou os bispos espanhóis: marca as diferenças entre os pastores que vigiam o povo e aqueles que o velam.*

Supervisionar *refere-se mais ao cuidado com a doutrina e os hábitos em sua expressão e sua prática; velar, por sua vez, tem mais o significado de garantir que haja sal e luz nos corações. Vigiar refere--se a estar alerta diante do perigo iminente, enquanto velar significa suportar com paciência as modalidades com que o Senhor continua a preparar a salvação de seu povo. Para vigiar, basta ser inteligente, astuto e rápido. Para velar, também é preciso ter mansidão, paciência e a constância de uma caridade comprovada. [...] Vigiar refere-se a um certo controle necessário. Velar, ao contrário, fala de esperança. A esperança do Pai misericordioso que vela o progresso do coração dos seus filhos.*

*Durante as pausas dos trabalhos, nos dias seguintes, alguns irmãos se aproximam de Bergoglio: há quem ainda elogie seu discurso, outros querem discutir com ele aquele e outros temas. Mas também há tempo para comentar as notícias dos jornais, entre as quais a guerra ao terrorismo guiada pelos Estados Unidos depois do ataque às Torres Gêmeas.*

Minha nomeação como relator-adjunto estava, em certo sentido, relacionada àqueles ataques terroristas, pois o relator do Sínodo era o cardeal Edward Egan, arcebispo de Nova

York, que alguns dias antes de 11 de outubro de 2001 pediu permissão ao papa e retornou para casa, a fim de comparecer à cerimônia de um mês dos atentados. Além das homenagens previstas para a data, Egan sabia bem que, naquele momento, era seu dever estar perto da população ferida, especialmente para consolar os familiares das vítimas e dos socorristas falecidos durante o trabalho. Apesar daquele compromisso importante no Vaticano, ele não precisou pensar muito: solicitou o retorno aos Estados Unidos, e obviamente João Paulo II, que participava de todas as nossas reuniões, consentiu. Por isso, o papa me nomeou como relator em seu lugar; devo admitir que tive um pouco de medo desse papel, a princípio, mas depois, graças a Deus, tudo correu bem.

Trabalhei todos os dias, lado a lado, com o secretário especial do Sínodo, então bispo de Oria, monsenhor Marcello Semeraro, hoje cardeal. Levamos a Assembleia Geral até o fim, sem intercorrências. Durante os intervalos, os irmãos conversavam sobre a guerra no Afeganistão, os ataques nos Estados Unidos e a necessidade de que os líderes islâmicos se unissem para condenar os graves atentados que tinham sido realizados utilizando o nome de Deus. O silêncio de alguns fundamentalistas gerara sentimentos de mal-estar em relação a nossos irmãos muçulmanos, o que, infelizmente, continuou por muitos anos. Embora não concordasse com eles, chamaram minha atenção os comentários da jornalista italiana Oriana Fallaci sobre esse tema.

Porém, cristãos e muçulmanos devem caminhar juntos e dialogar, conscientes das diferenças culturais e religiosas, evitando se verem como inimigos. Devemos acolher nossos irmãos e irmãs de religião islâmica como companheiros de percurso, devemos trabalhar juntos por um mundo mais justo e igualitário, reconhecendo os direitos e as liberdades fundamentais, sobretudo a religiosa, transformando-nos em construtores de civilidade. Há quem alimente o ódio, quem incite à violência; ao contrário, devemos responder com amor e com instrução, educando as jovens gerações para a prática do bem, de forma a transformarem o ar poluído do ódio em oxigênio da fraternidade.

Em 2019, nos Emirados Árabes Unidos, assinei, com esse propósito, junto a meu irmão, Ahmed el-Tayeb, o Grande Imã de Al-Azhar, o *Documento sobre a fraternidade humana em prol da paz mundial e da convivência comum*. Em uma das passagens citadas, destacamos que, partindo da nossa responsabilidade religiosa e moral:

*Pedimos a nós mesmos e aos líderes do mundo, aos artífices da política internacional e da economia mundial, que se comprometam seriamente com a difusão da cultura da tolerância, da convivência e da paz; que intervenham, o mais cedo possível, de modo a parar o derramamento de sangue inocente e pôr fim às guerras, aos conflitos, à degradação ambiental e ao declínio cultural e moral que o mundo vive atualmente.*

Desejávamos fazer um apelo sincero à redescoberta dos valores da paz, da justiça, do bem e da fraternidade humana, para confirmar a importância de tais valores como tábua de salvação para todos e buscar difundi-los.

Há uma grande necessidade de fraternidade para que possamos superar as suspeitas em relação a quem é diferente de nós e acabar com as perseguições dos fanáticos contra tantos cristãos pelo mundo, obrigados a fugir de suas terras. São homens e mulheres que, como as primeiras comunidades cristãs, fogem e guardam sua fé como um tesouro que dá sentido à vida. Depois do 11 de Setembro, aprendemos a conhecer um mundo diferente, onde por vezes o medo prevaleceu e o horror das perseguições continuou pelas mãos dos terroristas; nós os vimos enquanto massacravam cristãos inocentes no silêncio cúmplice de alguns, em especial daquelas nações que poderiam tê-los impedido e não o fizeram.

Mas a história da Igreja sempre foi marcada por fatos como esses. A perseguição começou contra Jesus e continua ainda hoje com os novos martírios que o Evangelho testemunha. Quero dizer a esses irmãos e irmãs, mártires de nossos dias, muito mais numerosos do que os dos primeiros tempos: não tenham medo de testemunhar, com amor, o Senhor através de seus gestos, não se deixe assustar por quem busca apagar a força evangelizadora com arrogância e violência. Podem matar o corpo, mas nunca terão poder sobre a alma.

De volta ao Sínodo, cuja abertura ocorreu menos de um mês depois dos atentados terroristas nos Estados Unidos, estava evidente em cada um de nós, bispos e cardeais, que em pouco tempo ocorreria uma revolução política: os equilíbrios mundiais mudariam novamente diante daquelas ameaças e dos ataques lançados em nome de uma *guerra santa*. A direção estava nas mãos de alguns grupos terroristas formados por fanáticos religiosos e, naquele contexto, a Igreja, mais do que nunca, estava sendo chamada a agir para promover a paz e o diálogo entre as religiões.

Nossas discussões sobre o tema permaneceram abertas. Retornei à Argentina no fim de outubro para retomar minha vida cotidiana; devo confessar que procurava ficar o menos possível distante do meu rebanho, só deixava Buenos Aires por algum compromisso fundamental e não adiável. Afinal, minha missão era ficar ao lado das pessoas e zelar por elas.

Depois de alguns meses, em dezembro de 2001, a Argentina seria atingida por uma grave crise econômica que levou o país à beira do colapso, com desordens sociais e grande incerteza política. Era apenas um primeiro sinal de alerta daquilo que o mundo viveria nos anos que estavam por vir, com a grande recessão que mudou para sempre a vida de milhões de pessoas.

# XI

# A GRANDE RECESSÃO ECONÔMICA

2

A GRANDE RECESSÃO ECONÔMICA

A catedral de Buenos Aires está imersa no silêncio; ouve-se poucos passos sobre o chão de mosaicos venezianos. São os passos de María Paz, que chegou com frio depois de um trajeto de cerca de meia hora a pé a partir da Plaza Constitución, onde vive há alguns anos com o marido, Marcelo. Nas noites de chuva, nesse setembro de 2008, os dois encontram abrigo sob a marquise da estação de ônibus, mas não precisam se defender apenas da água: no calar da noite, a praça é tomada por traficantes e aproveitadores inescrupulosos, e a vida deles está em perigo constante.

Durante o dia, Marcelo vasculha as latas de lixo da cidade em busca de papel e papelão para revender e ganhar algum dinheiro. É um dos tantos cartoneros, filhos da crise econômica que assolou a Argentina em dezembro de 2001. Já María Paz passa os dias procurando algum trabalho improvisado aqui e ali, quase sempre sem sucesso. Como todas as manhãs, acordou ao nascer do sol, com o barulho dos primeiros ônibus de partida, enrolada em um cobertor gasto que já não a protege do frio invernal. Lavou o rosto em uma fontezinha e decidiu ir até a catedral. Corre o boato, entre muitas pessoas em situação de rua, que de manhã bem cedo é possível encontrar o cardeal Bergoglio, que se coloca à disposição dos fiéis para as confissões, como um padre qualquer.

Ela o encontrou pessoalmente só uma vez, em 1º de julho daquele ano, quando foi com Marcelo até a paróquia de Nuestra Señora Madre de los Emigrantes, no bairro de La Boca, onde o cardeal celebrou uma missa organizada com o Movimiento de Trabajadores Excluidos, uma organização popular que reúne cartoneros, prostitutas, migrantes irregulares, vítimas de tráfico humano, pessoas em situação de rua e outras que vivem à margem da sociedade.

O rosto da mulher foi marcado pelo passar do tempo, os cabelos estão grisalhos, as mãos, vermelhas, encolhidas de frio. Dentro da catedral, encontra conforto na chama de uma vela acesa diante da estátua de Nuestra Señora de Bonaria. Senta-se em um dos bancos, que já foram polidos, assim como os antigos *confessionários de madeira do século XVIII. Um desses está ocupado por um sacerdote com uma estola nos ombros, pronto para ouvir a confissão de quem precisar.*

*María Paz não tem grandes pecados para confessar, busca apenas a escuta de um padre que possa lhe oferecer alguma palavra de conforto.*

*— Coragem. Eu não mordo, viu?*

*A voz vem do confessionário, e quem fala é o cardeal Bergoglio. Diante da hesitação da mulher, emocionada e intimidada, o sacerdote sai pela portinha central e senta-se em um banco próximo, fazendo sinal para que se aproxime.*

*Os dois começam a falar e permanecem ali por mais de meia hora. María Paz lhe conta, principalmente, sobre sua vida, seu marido Marcelo e como a crise de 2001 destruiu a existência deles.*

*— Esta manhã mesmo — diz o arcebispo, baixinho —, eu soube que também está acontecendo nos Estados Unidos. A crise econômica, cedo ou tarde, afeta a todos... Mas vocês fizeram bem permanecendo unidos apesar dos problemas, isso é muito cristão! Vocês deram força um ao outro. Venha comigo, vou lhe oferecer algo quente, você precisa — acrescenta o cardeal, colocando entre as mãos dela o dinheiro que tirou do bolso da calça.*

*A mulher fica surpresa: não sabe se chora, se ri, se o abraça; por instinto, ajoelha-se e beija sua mão. O jesuíta faz com que ela se levante e, depois de lhe oferecer chá com biscoitos, despede-se para ir ao escritório da Cúria.*

*— Eminência, devemos nos preocupar? — pergunta um colaborador, Gustavo, que o encontra na entrada do palácio do arcebispo. — Li na internet que um banco faliu nos Estados Unidos e que está começando uma crise...*

*O calendário marca dia 15 de setembro. Ainda naquela manhã, logo antes do amanhecer, um dos mais importantes bancos de investimentos americanos, o Lehman Brothers, declarou falência: foi afundado por hipotecas subprime, empréstimos concedidos com fins especulativos a cidadãos que, na realidade, não tinham recursos e garantias para honrá-los. O grande negócio criado pelo banco revela-se um bumerangue: o Lehman, que lucrara impiedosamente com essas hipotecas, torna-se vítima da especulação financeira. As contas da instituição afundam, o Federal Reserve, o banco central dos Estados Unidos, e o secretário do Tesouro buscam, entre as figuras mais proeminentes de Wall Street, um comprador, que, no entanto, desiste na última hora. Não há alternativa à falência, 25 mil funcionários do colosso imobiliário são demitidos, as bolsas estadunidenses colapsam e atingem também as bolsas sul-americanas, europeias e asiáticas. Filas intermináveis de pessoas em pânico tentam sacar suas economias dos caixas eletrônicos, a*

*bolha do mercado imobiliário americano estourou e desenca-*
*deou uma crise que levará à grande recessão.*

Na verdade, houve uma reação em cadeia que, ao longo dos anos, produziu novas desigualdades e mais pobreza em todo o mundo, sobretudo nos países mais industrializados. Ainda me lembro dos rostos desconsolados dos funcionários daquele banco americano, homens e mulheres que saíam do edifício segurando caixas com suas coisas. Rezei para que o Senhor os consolasse, assim como rezei por todas as pessoas que, da noite para o dia, perderam tudo: as economias de toda a vida, o sonho de uma casa, tudo virara fumaça em poucos segundos.

Quem visitou Nova York naquele período me contou depois que havia imensas filas diante dos refeitórios sociais. O desemprego alcançara níveis nunca vistos, e agora havia ex-gerentes ou ex-administradores na fila por um pedaço de pão e um prato de comida quente — pessoas que, poucos dias antes, especulavam sobre a vida dos outros. O elevador social, que no passado permitira que muitas pessoas saíssem de uma situação de desespero, ficou completamente fora de uso no mundo todo, e ainda hoje, para muitos, permanece como uma miragem. O atual sistema econômico é insustentável; eu já disse muitas vezes que essa economia mata, não podemos mais perder tempo!

Vivemos em uma época em que urge repensar o modelo econômico e a nós mesmos, tentando olhar o mundo com os olhos dos pobres e dos marginalizados, pensando em como combater o aumento da desigualdade e como superar a indiferença em relação a essas pessoas que são nossos irmãos e nossas irmãs. Para ter esperança no futuro, devemos elaborar, junto aos jovens, um modelo econômico diferente, baseado na equidade e na fraternidade; um modelo econômico que deixe as pessoas viverem em vez de matá-las, que não pretenda especular sobre suas vidas, mas que as coloque em primeiro lugar; uma economia que seja inclusiva, humanitarista, que cuide da criação e não a deprede.

Em minha encíclica *Fratelli tutti* — todos irmãos —, afirmei, a esse respeito, que "o direito de alguns à liberdade de empreender ou de mercado não pode estar acima dos direitos dos povos e da dignidade dos pobres [...]. O mercado, por si só, não resolve tudo, embora às vezes nos queiram fazer crer nesse dogma de fé neoliberal". Quero evidenciar que essas não são palavras de condenação ao mercado, mas palavras que buscam ressaltar os riscos e desvios que o sistema produziu e produz; por exemplo, lembremos da penetração do mercado até em alguns âmbitos em que a gestão dos bens sempre fora realizada de modo comunitário.

Na perspectiva de uma ética amiga do homem e do ambiente, o desafio será o de *civilizar o mercado*, pedindo-lhe que se coloque a serviço do desenvolvimento humano integral, e não apenas que seja eficiente na produção de riqueza. Devemos nos manter unidos, todos e todas, para combater o aumento sistêmico das desigualdades e da exploração do planeta e algumas das causas que aumentam a disparidade em relação às periferias, filhas de um sistema que tem como finalidade apenas o lucro. Na verdade, devemos aceitar estruturalmente "que os pobres têm dignidade suficiente para se sentar em nossas reuniões, participar de nossas discussões e levar o pão para sua casa. E isso é muito mais do que assistencialismo: estamos falando de uma conversão e transformação de nossas prioridades e do lugar do outro em nossa política e na ordem social", como eu disse aos membros do movimento internacional The Economy of Francesco, que reúne jovens economistas, empreendedores e ativistas comprometidos em um diálogo inclusivo para uma nova economia.

A eclosão da crise econômica nos Estados Unidos me atingiu particularmente, porque eu vira de perto os efeitos que uma situação como essa pode produzir. Em dezembro de 2001, a Argentina foi lançada a esse pesadelo, os bancos estavam em colapso, as contas correntes tinham sido congeladas pelo governo e muitas atividades comerciais estavam falidas. Quase a maioria dos argentinos acabara na pobreza.

Pouco antes do Natal de 2001, abrimos uma "mesa de diálogo argentino" na sede da Caritas, com a finalidade de colocar em contato os líderes civis e religiosos do país e encontrar juntos uma solução para o bem do povo. Eu estava lá como presidente da Conferência Episcopal Argentina e arcebispo de Buenos Aires, mas também participou o presidente Fernando de la Rúa, criticado pelos manifestantes reunidos na Praça de Maio. Depois que ele decretou o estado de sítio, milhões de pessoas foram às ruas com panelas em mãos, batendo-as e exigindo a renúncia do governo. A Casa Rosada, sede da presidência, tornou-se alvo, e o presidente escapou de helicóptero, renunciando horas depois.

Enquanto isso, como Igreja, nos meses seguintes imediatamente passamos a nos colocar a serviço; devíamos ser uma espécie de "hospital de campanha" para os necessitados: as paróquias foram mantidas abertas dia e noite, a fim de oferecer hospitalidade a quem havia ficado sem casa. Pedíamos aos fiéis que tinham condições para levar à missa ou diretamente à Caritas artigos de primeira necessidade para os desamparados. Abrimos centros médicos para distribuir remédios de maneira gratuita e colocamos fornos a gás debaixo de pontes para assar pães e distribuí-los. Também foram construídas estruturas para acolher as pessoas em situação de rua, e novos projetos sociais foram lançados para possibilitar um futuro a quem perdera tudo. Os voluntários deviam ter um único objetivo: colocar em primeiro lugar a pessoa humana e, acima de tudo, saber escutar suas necessidades.

Quis destacar o conceito da escuta, porque tantas crises, como aquela iniciada em setembro de 2008, certamente teriam sido evitadas se os grandes, em muitas ocasiões, em vez de pensar nos próprios lucros e no deus dinheiro, tivessem escutado, ao menos uma vez, a voz dos pequenos. Falei da importância da escuta — também em relação a esses temas — algumas semanas depois, em outubro, por ocasião de uma emocionante peregrinação pela Argentina.

*A Plaza Belgrano, em frente ao santuário de Nuestra Señora de Luján, está abarrotada com uma multidão de jovens; são pelo menos um milhão, e caminharam a pé por mais de 15 horas* para cumprir a 34ª peregrinação dedicada à padroeira do país. Partiram em 4 de outubro, ao meio-dia, do santuário de San Cayetano, no bairro porteño de Liniers, levando em procissão a imagem cabecera, uma pequena cópia da estátua original de Nossa Senhora. Pelo caminho, entre cantos religiosos e orações, os voluntários deram assistência e apoio a quem precisava; muitos fizeram uma pausa diante das bancas, presentes por todo o percurso, que vendem frutas, água fresca, lanches, souvenires e objetos religiosos, em especial rosários. Há quem participe para pedir um milagre à Virgem e quem esteja ali por simples devoção; alguns pedem a graça de encontrar um trabalho ou de conseguir comprar uma casa depois de perder tudo por causa da crise econômica. Outros buscam amor e confiam em Nossa Senhora, e também há aqueles que mantêm esperança em passar de ano na escola — um milagre que talvez seja demais até para Luján.

Depois de uma cansativa marcha de 60 quilômetros, todos os peregrinos, enfim, chegam a seu destino. O relógio marca 6h45 da manhã seguinte, um domingo, dia 5 de outubro de 2008. A estátua original de Nossa Senhora, envolta em um longo manto azul, aguarda os fiéis diante do santuário para um dos momentos mais emocionantes da peregrinação: o encontro entre as duas estátuas e o ato de devoção de todos os presentes.

*O cardeal Bergoglio também está presente. Como todos os anos, ele celebra a missa solene na praça, junto a outros bispos e sacerdotes. Ele também é devoto da Virgem de Luján. O tema da peregrinação este ano é Madre, enséñanos a escuchar — Mãe, nos ensine a escutar —, e na homília o cardeal jesuíta convida os fiéis à reflexão, doando palavras de esperança:*

Quantos problemas seriam resolvidos na vida se aprendêssemos a escutar, se aprendêssemos a nos escutar. Porque escutar o outro é parar um pouco a sua vida, o seu coração, e não ir adiante, como se não nos interessasse. E a vida está nos habituando a seguir adiante, a não nos interessarmos pela vida do outro, por aquilo que o outro deseja dizer, ou até respondendo o outro antes que termine de falar. Se nos ambientes em que vivemos aprendêssemos a escutar... como tudo mudaria; como mudariam as coisas em família se marido, mulher, genitores, filhos, irmãos aprendessem a se escutar... Mas tendemos a responder antes de saber o que a outra pessoa quer nos dizer. Temos medo de escutar? O trabalho mudaria tanto se nos escutássemos. Tanto no bairro mudaria. Quantas coisas mudariam em nossa pátria se aprendêssemos, como povo, a nos escutar. Mãe, pedimos à Senhora que nos ensine a ficarmos calados para podermos acolher aqueles que precisam nos contar de sua vida, com frequência cheia de dor...

*Longos aplausos se erguem da praça; na multidão, há muitos cartoneros, muitos residentes das villas miserias, acompanhados de seus padres; há gente para as quais restam apenas as lágrimas após terem presenciado a falência do próprio comércio. A crise econômica global também mudou a vida de muitos argentinos, mas, por sorte, não atingiu com profundidade as cordas financeiras já esgotadas do país. É verdade que a Bolsa sofreu um severo contragolpe, causando momentos de histeria em grandes negócios; os preços das exportações de produtos como óleo de soja, trigo, pellet e petróleo diminuíram; o peso sofreu uma desvalorização de 10% em comparação com o dólar; mas as consequências, graças, sobretudo, à ausência de capital estrangeiro no país, não foram tão desastrosas como em outras partes do mundo.*

Na verdade, já tínhamos recebido o golpe mais duro em 2001. Quando, depois, houve a grande crise dos bancos norte-americanos, só alguns setores na Argentina foram afetados; outros, já enfraquecidos pela crise anterior, por sorte não foram tocados. Recordo as palavras do Papa Bento XVI que, comentando a falência do Lehman Brothers e a consequente grande recessão, disse que a quebra das grandes instituições de crédito norte-americanas evidenciava o erro fundamental: o verdadeiro Deus mais uma vez tinha sido obscurecido pela ganância e a idolatria, sendo falsificado em *Mamom*, a idolatrada e exaltada riqueza terrena.

O que estava acontecendo nos Estados Unidos, e que depois atingiria as grandes economias mundiais, era causado pela mentalidade doentia daqueles que tentavam, e ainda hoje tentam, despojar até os ossos as pessoas mais fracas, querendo ganhar dinheiro com dinheiro... Ainda não entenderam que, para o bem da humanidade, o trabalho deve estar no centro de tudo, o único verdadeiro motor capaz de fazer girar a economia e dar dignidade ao homem. Se, em vez disso, um ídolo, o dinheiro, for colocado no centro, então o sistema não será mais capaz de criar novos empregos, aumentando os níveis de desemprego e roubando o futuro de milhões de pessoas.

Onde não há emprego, lamento dizer, não há dignidade, considerando que hoje fica cada vez mais difícil para um jovem encontrar um trabalho estável, com um salário digno que permita pagar aluguéis cada vez mais caros e hipotecas altíssimas, que muitas vezes recaem sobre os ombros dos pais. Quando esses custos são assumidos pelos próprios jovens, a situação pode se tornar ainda mais grave. Isso é dramático, é um dos efeitos dessa economia doente, e quero reiterar que é precisamente sobre essas questões que a política deveria agir, pois, sem intervenções corretivas, o livre mercado se torna selvagem e produz sempre mais desigualdade. Além disso, devemos nos perguntar: se os jovens não encontram trabalho e permanecem desempregados, quem pagará a aposentadoria de quem trabalhou a vida toda?

Lembro-me de que havia muitas moças e rapazes na peregrinação a Luján, pedindo a Nossa Senhora a graça de encontrarem um emprego que fosse minimamente digno. No entanto, é ofensivo ver, diante de uma boa e honesta oferta de emprego, a raiva como resposta; é preciso entender que há fila por aí, pessoas esperando receber pelo menos metade do salário proposto.

Ouvi muitas orações diante da Virgem milagrosa, muitos pedidos de graça para sair da crise e de um período de desemprego! Durante aquelas reuniões, havia um clima bom, o Espírito Santo estava entre nós. Lembro desse rio de pessoas chegando ao santuário para se confessar. Eu sempre me colocava à disposição, como todos os outros sacerdotes, e fazia confissões das 18 horas de sábado até 22h15. Depois, saía para comer um sanduíche ou uma fatia de pizza e tentava dormir um pouco, colocando o despertador para 1 hora da manhã do domingo. Naquele horário, eu voltava ao santuário e recomeçava a confessar até 6 ou 6h30. Às 7 horas em ponto, começava a santa missa com todos os peregrinos que nesse meio-tempo tinham chegado de Buenos Aires.

Foi durante uma dessas peregrinações que conheci Dom Ángel Fernández Artime, que depois se tornou reitor-mor dos Salesianos e que nomeei cardeal no consistório de setembro de 2023. Na época, ele era o provincial argentino da Congregação de Dom Bosco; quando me apresentaram a ele, disse-me que tinha chegado da Espanha: desde então, eu sempre o chamei de *gallego*, um jeito brincalhão e afetuoso que utilizamos para chamar os espanhóis, ainda que não sejam provenientes da Galícia!

De volta às confissões, posso testemunhar que muitos penitentes, depois de Luján, encontraram as respostas que buscavam. Vinham até mim em confissão e, com um sorriso no rosto, diziam-me que, enfim, sabiam como enfrentar aquela situação que os assolava, assegurando-me de que tinha sido Nossa Senhora quem os inspirara.

Certa vez, de noite, um jovem de apenas 25 ou 26 anos chegou para se confessar: alto, robusto, com os braços tatuados, brincos e cabelo comprido. Acredito que não tinha mais o pai. Disse-me:

— Vim aqui porque tenho um grande problema; depois de muita hesitação falei a respeito com minha mãe, que me aconselhou: "Vá em peregrinação até Luján, e Nossa Senhora te dará a resposta". Eu tive dúvidas, mas depois resolvi escutá-la e vim até aqui a pé.

Perguntei-lhe se já tinha rezado diante da Virgem e se havia encontrado a resposta que buscava. Respondeu com um sorriso:

— Eu a vi, e agora sei o que fazer...

Então eu fiz uma piada:

— Viu, agora acho que eu estou sobrando!

Começamos a rir, eu o abracei e ele voltou à própria vida.

Havia, ainda, quem, durante o ano, fosse ao santuário pedir um milagre: também nesse caso, sou testemunha ocular e posso contar a história de um homem, um operário, que tinha uma filha de quase 10 anos muito doente; havia sido acometida por uma infecção, e o médico dissera que a pequena não passaria daquela noite. Aos prantos, o homem deixou a mulher com a filha no hospital, pegou o trem e chegou ao santuário de Luján. Chegou perto das 22 horas, as portas já estavam fechadas, mas ele, em desespero, ficou a noite toda rezando do lado de fora, lutando pela saúde de sua pequena. Às 6 horas da manhã, quando as portas foram abertas, entrou e correu para rezar diante da estátua de Nossa Senhora. Depois, voltou correndo a Buenos Aires. No hospital, não encontrou mais nem a mulher nem a filha. Ficou mais desesperado do que antes, pensava que havia ocorrido algo grave, mas logo chegaram notícias de sua esposa: "Os médicos dizem que a menina está curada, é inexplicável". É possível imaginar a alegria desses pais que receberam o milagre. Graças àquela luta noturna que o homem travou agarrado às grades do santuário, rezando à Virgem de Luján. O Senhor escutara suas orações e ficara ao seu lado, velando por ele e sua filha.

Há muita necessidade de uma fé assim no mundo; é um presente recebê-la, pois é uma fé tão forte que leva o ser humano a lutar para obter qualquer coisa. Nos lugares que visitei, raramente encontrei uma devoção tão potente, fruto daquela piedade popular que atinge de forma particular a América Latina e que nasce de um encontro entre a cultura originária do lugar e a fé cristã. Também esse é um dom do Senhor em um mundo já secularizado: é o Deus vivo que age na história!

Aconteceu comigo em Luján, mas eu também o constatei no ano anterior, em maio de 2007, em Aparecida, no Brasil, um dos maiores santuários marianos do mundo, que todos os anos atrai mais de 10 ou 11 milhões de peregrinos de todo o planeta. Ali, participei da V Conferência Geral do Episcopado Latino-Americano e do Caribe, e presidi a comissão para a redação do documento final. Foi, de fato, um momento de graça; eu trabalhava em estreito contato com Dom Victor Manuel Fernández, que naquela época lecionava na Universidade Católica Argentina. No verão de 2023, eu o nomeei prefeito do Dicastério para a Doutrina da Fé e, em setembro do mesmo ano, nomeei-o cardeal; passamos algumas noites debruçados nos documentos até as 3 horas da manhã, e durante nossas reuniões éramos acompanhados pelos cantos e pelas orações dos peregrinos que chegavam ao santuário. Nós os ouvíamos pelas janelas do cômodo que ocupávamos. Acolhemos todas as sugestões que vieram de baixo, do povo de Deus: posso dizer que era o Espírito Santo trabalhando ali!

Os pilares do documento final são três: aceitar tudo o que chega do povo; ser uma igreja missionária *de saída*, que sai ao encontro das pessoas, das comunidades, para compartilhar o dom do encontro com o Cristo Salvador; e ter a piedade popular que nos permite continuar a transmitir a fé de maneira simples e genuína. Ainda lembro como se fosse hoje o discurso que Bento XVI pronunciou na abertura dos trabalhos, em 13 de maio de 2007, durante o qual se perguntava:

*Como a Igreja pode contribuir para a solução dos urgentes problemas sociais e políticos e responder ao grande desafio da pobreza e da miséria? [...] Tanto o capitalismo quanto o marxismo prometeram encontrar o caminho para a criação das estruturas certas e afirmaram que essas, uma vez estabelecidas, funcionariam sozinhas; afirmaram que não apenas não haveria necessidade de uma moral individual precedente como também que essas teriam promovido a moralidade comunitária. Essa promessa ideológica se demonstrou falsa. Os fatos a evidenciaram. O sistema marxista, onde chegou ao governo, não deixou apenas uma triste herança de destruições econômicas e ecológicas, mas também uma dolorosa opressão das almas. E vemos o mesmo no Ocidente, onde a distância entre pobres e ricos aumenta constantemente e se produz uma inquietante degradação da dignidade pessoal, com as drogas, o álcool e as miragens enganadoras de felicidade. [...] Onde Deus está ausente — Deus do rosto humano de Jesus Cristo —, esses valores não se mostram com toda a sua força, nem surge um consenso sobre eles. Não quero dizer que os incrédulos não possam viver uma moralidade elevada e exemplar; digo apenas que uma sociedade em que Deus está ausente não encontra o consenso necessário sobre os valores morais e a força para viver de acordo com o modelo desses valores, mesmo contra os seus próprios interesses.*

Palavras proféticas que nos acompanharam ao longo de todo o processo de elaboração do documento e que pudemos comentar, sobretudo quando discutimos os diversos problemas sociais e o combate à pobreza gerada pela crise. Ficamos verdadeiramente gratos ao papa por seu discurso; eu o reli muitas vezes, assim como o documento de Aparecida, que ainda hoje continua muito atual.

Também por isso, foi um choque descobrir, em 11 de fevereiro de 2013, que Bento XVI decidira renunciar ao pontificado.

# XII

# A RENÚNCIA DE BENTO XVI

*O som insistente do aparelho telefônico ecoa nas salas do arcebispado. São 8 horas da manhã, e quem telefona sabe muito bem que àquela hora o cardeal Bergoglio já está trabalhando. Porém, depois de ter celebrado a missa, padre Jorge não subiu diretamente para o escritório, como sempre faz, e, sim, visitou rapidamente o Canal 21, emissora televisiva da arquidiocese, fundada em 2004. O canal transmite todo sábado um programa intitulado Biblia, diálogo vigente — Bíblia, diálogo atual —, uma mesa-redonda de quase uma hora conduzida pelo pastor protestante Marcelo Figueroa, biblista e jornalista, em conversas com o cardeal Bergoglio e com Abraham Skorka, rabino da comunidade hebraica Benei Tikva e reitor do Seminário Rabínico*

Latino-americano. Os três interlocutores, amigos de muitos anos, por meio de um diálogo inter-religioso e ecumênico, com textos sacros em mãos, abordam em cada episódio temas diversos, como paz, justiça, fé, solidão, felicidade, inclusão...

O programa se tornou um compromisso fixo do telespectador católico, embora tenha nascido quase por acaso e sem muitas expectativas. Figueroa, em 2011, propusera que Bergoglio dedicasse um espaço televisivo ao diálogo ecumênico, e o cardeal, depois de pensar a respeito, aceitara fazer quatro episódios como teste, convencido de que a televisão poderia ser um bom meio para evangelizar. Depois dos quatro primeiros episódios, padre Jorge aprovara o programa, que começara a se concentrar também no diálogo inter-religioso: Figueroa, Skorka e Bergoglio se encontravam na sinagoga para o café da manhã e discutiam sobre os temas a tratar, enquanto a amizade entre os três crescia a cada dia.

— Chegou o bom-dia do editor — diz brincando Julio, o diretor-geral da TV, que, como acontece quase todos os dias, acolhe o cardeal jesuíta de 76 anos.

Os dois se conhecem desde a metade dos anos 1990, quando o arcebispo Quarrancino nomeara Julio diretor da rádio diocesana. Como coordenador da emissora radiofônica, portanto, tinha conhecido também o bispo auxiliar Bergoglio, e desde então permaneceram em contato.

É a manhã de 11 de fevereiro de 2013, e o cardeal foi à sede do Canal 21 para cumprimentar aqueles seus dois colaboradores, mas também para fazer um balanço da situação dos episódios que serão transmitidos e gravados. Aproveita a ocasião também para buscar alguns DVDs que o diretor lhe deu; às vezes, o cardeal, por não ter televisão em casa, pede permissão à direção do Canal 21 para ver algum filme que lhe interessa.

— Eminência, acredito que estes filmes serão do seu agrado... — diz com segurança Julio, entregando-lhe os DVDs ainda embrulhados.

— Você sabe que virei aqui para vê-los, certo? Usar o aparelho que você me deu é muito complicado... — responde brincando padre Jorge enquanto sai do escritório.

— A porta aqui está sempre aberta — declara Julio, acompanhando-o até a saída.

— Estará aberta também daqui a alguns meses, quando eu me aposentar? Você se lembra de que pedi demissão, não é?

O jesuíta se despede e ri, dirigindo-se ao arcebispado com sua bolsa preta.

Otília, sua secretária, está na escrivaninha e já fumou quatro cigarros. Imprimiu algumas mensagens que chegaram por e-mail, e agora está organizando a lista de pessoas que o cardeal verá no decorrer da manhã. Por volta das 18 horas, por ser o dia *da memória litúrgica da Nossa Senhora de Lourdes, está prevista uma celebração ao ar livre diante da paróquia dedicada à santa, em Flores, bairro natal de Bergoglio.*

*No escritório do arcebispo, enquanto isso, o telefone continua a tocar.*

*— Alô — atende o cardeal.*

*— Eminência, sou Gerry, ligo de Roma, espero não incomodar: o papa pediu demissão...*

Fiquei alguns segundos paralisado, quase não acreditava no que meu interlocutor dizia ao telefone. Era uma notícia que eu nunca teria imaginado ouvir em minha vida. Na verdade, a renúncia de um papa era algo inimaginável até então, embora esteja prevista pelo código de Direito Canônico. Naqueles primeiros instantes, disse a mim mesmo: "Entendi mal, não é possível". Depois, porém, entendi: certamente Bento meditara e rezara muito antes de tomar aquela decisão histórica e corajosa. Evidentemente compreendera, diante das forças que o abandonavam, que, na Igreja, só é insubstituível o Espírito Santo, e que o único Senhor é Jesus Cristo. Por isso, foi um grande papa, humilde e sincero, que amou a Igreja até o fim.

Quem me telefonou naquela manhã foi Gerry O'Connell, um amigo jornalista que conheço há muitos anos. Disse apenas aquelas palavras, "o papa pediu demissão", depois desligou, pois estava cheio de trabalho, com a promessa de me ligar de volta. Duas ou três horas mais tarde me telefonou de novo, e explicou tudo em detalhes, dizendo que a renúncia entraria em vigor a partir da noite de 28 de fevereiro, às 20 horas, e que o conclave certamente ocorreria após o dia 10 de março.

Também me ligou nos dias seguintes, informando-me que Bento XVI se despediria do Colégio Cardinalício na manhã de 28 de fevereiro, e que todos os cardeais seriam convocados a Roma para o encontro. A partir das 20 horas daquela noite, teria início o período de *Sede Vacante*.

Devo admitir que eu tentava ir o menos possível ao Vaticano. Sinceramente, preferia permanecer entre meu povo, até porque ver a magnificência daqueles edifícios não me deixava muito à vontade. Por isso, antes de saber daquela audiência com todos os cardeais, eu já havia comprado a passagem de avião que me levaria a Roma poucos dias antes do início do conclave, inclusive com o retorno a Buenos Aires marcado para 23 de março, sábado que precedia o Domingo de Ramos. Estava convencido de que nenhum papa assumiria durante a Semana Santa, e por isso eu poderia retornar para casa a tempo das festividades da Páscoa. Ou seja, eu queria permanecer no Vaticano apenas pelo tempo necessário; meu foco eram as celebrações de Páscoa na Argentina e, acima de tudo, as homílias que deveria preparar para a Semana Santa!

Porém, quando soube por Gerry do encontro de Bento XVI com o Colégio Cardinalício no fim de fevereiro, dirigi-me à Alitalia, a aproximadamente 400 metros do arcebispado, para mudar a data do voo e antecipá-lo para 25 de fevereiro. Eram 14 horas, então fiz um passeio a pé até lá e, depois de pegar a senha, esperei minha vez na sala de espera. Eu rezava o Rosário quando, meia hora depois, uma pessoa que eu não conhecia se aproximou.

— Eminência, o que faz aqui? — Era o diretor da agência.

— Vim trocar esta passagem... — respondi.

— Venha comigo até o escritório, eu mesmo farei isso.

Então, fui com ele e mudamos a data da partida; depois, ele me deu 110 dólares.

— O que é isso? — perguntei.

— A mudança da passagem está favorável ao senhor, esta custa menos do que a anterior! Pegue, são seus.

Voltei ao escritório e comecei a organizar a agenda, pois tinha muitos compromissos para adiar até voltar de Roma. Eu tinha planejado reuniões, comemorações e visitas por toda a cidade. Além disso, também tinha marcado gravações do programa de TV. Avisei aos amigos que ficaria ausente e também informei a Marcelo e Abraham que ficaria fora por pouco tempo, assegurando-lhes que na volta, antes da Páscoa, gravaríamos o episódio dedicado à amizade.

Eu conhecera Marcelo no início do ano 2000, quando ele era secretário-geral da Sociedade Bíblica Argentina, mas havia conhecido o rabino Skorka durante as saudações feitas duas vezes ao ano na catedral ao final do *Te Deum*, o antigo hino cristão de ação de graças que na Argentina se entoa, na presença do presidente, durante as celebrações de 25 de maio, Dia da Pátria, e em 31 de dezembro, no fim do ano.

Abraham tem a mente afiada, mas torce pelo River Plate, e isso não depõe a seu favor! Uma vez, em maio de 1999, brinquei com ele a esse respeito. Estávamos fazendo as saudações habituais na catedral e eu lhe disse:

— Acho que este ano nós do San Lorenzo vamos tomar sopa de galinha...

Só quem conhece o mundo do futebol argentino pode entender a piada: os torcedores do River são chamados de *galinha* pelos adversários porque perderam muitas vezes o campeonato no fim da temporada, apesar de seu enorme potencial. Naquele ano, o San Lorenzo estava fazendo uma ótima campanha no campeonato, e por isso zombei um pouco dele, sob o olhar do núncio apostólico que não entendeu nada!

Antes de partir para Roma, também me despedi de Julio e dos colaboradores do Canal 21, onde eu tinha o hábito de ir ver, de vez em quando, os filmes em DVD que ganhava de presente. Ainda me lembro de *A vida é bela*, de Roberto Benigni, *A festa de Babette*, de Gabriel Axel, e outras obras-primas do cinema. Sobre a escrivaninha do meu escritório, deixei *Habemus Papam*, de Nanni Moretti, que eu veria na volta, e duas homílias: uma para o Domingo de Ramos, outra para a missa crismal que eu deveria pronunciar naquela semana. Mas as coisas acabaram não saindo como o planejado!

A viagem foi longa e cansativa, mas, no aeroporto Fiumicino, durante a retirada da bagagem, encontrei rostos amigos: o cardeal Odilo Pedro Scherer, arcebispo de São Paulo, que a imprensa considerava um dos papáveis, e o cardeal Luis Antonio Tagle, na época arcebispo de Manila, também incluído pelos jornalistas entre os possíveis candidatos, e que viajara junto com seu compatriota, o cardeal Ricardo Vidal. Estávamos todos de batina e colarinho, exceto Tagle, que viajava de camisa polo e jeans. No dia seguinte pela manhã, eu o encontrei de novo e lhe disse:

— Ontem, no aeroporto, vi um rapaz que se parecia com você! — E rimos por alguns minutos.

Assim, no dia 28 pela manhã fui para a Sala Clementina me despedir do Papa Bento XVI; como grande teólogo que foi, proferiu um discurso muito profundo, que ficou na minha memória também porque citou, em duas ocasiões, Romano Guardini, muito estudado por mim para minha tese de doutorado. Disse, citando o teólogo: "A Igreja não é uma instituição pensada e construída em torno de uma mesa... mas uma realidade viva... Ela vive no curso do tempo, em movimento, como todo ser vivente, transformando-se... No entanto, em sua natureza, ela sempre permanece a mesma, e seu coração é Cristo".

Demos uma longa salva de palmas. Naquela ocasião, Papa Bento XVI afirmou que, daquele momento, prometia incondicional reverência e obediência ao novo papa, que seria eleito em conclave e estava entre nós. Contudo, doeu-me ver, ao longo dos anos, como sua imagem de papa emérito foi explorada para fins ideológicos e políticos por pessoas sem escrúpulos que, não tendo aceitado sua renúncia, pensaram em seus próprios ganhos e em seu próprio jardim para cultivar, subestimando a possibilidade dramática de uma fratura dentro da Igreja.

Para evitar desvios desse tipo, em 2013, logo depois da minha eleição, quando fui visitá-lo em Castel Gandolfo, decidimos juntos que seria melhor que ele não vivesse escondido, como a princípio ele imaginara, mas que visse pessoas e participasse das atividades da Igreja.

Infelizmente, isso de pouco serviu, pois, em dez anos, não faltaram polêmicas que fizeram mal a nós dois. Quando me passou as insígnias, deu-me também uma caixa branca com o dossiê redigido por três cardeais de mais de 80 anos, Julián Herranz, Jozef Tomko e Salvatore De Giorgi, sobre o vazamento de documentos confidenciais que abalou o Vaticano em 2012. Bento XVI me mostrou os passos que havia tomado, afastando gente que fazia parte de *lobbies*, intervindo em casos de corrupção, apontando-me outras situações em que era necessário agir e dizendo-me com todas as letras que, se estava me passando o bastão, era para eu me ocupar dele. E foi o que fiz e continuo fazendo, seguindo seu conselho.

De volta ao encontro na Sala Clementina, ao fim do seu discurso, como todos os outros irmãos cardeais, fui cumprimentá-lo e agradeci por tudo que fizera; ele foi muito gentil e também agradeceu minha presença. Às 20 horas em ponto, teve início a *Sede Vacante*: a Igreja não tinha mais um papa. Naquela mesma noite, o camerlengo, cardeal Tarcisio

Bertone, lacrou os aposentos e começou a tratar dos assuntos atuais junto ao Colégio Cardinalício. Começava a fase preparatória do conclave, cujas reuniões gerais ocuparam-nos todos os dias, de 4 de março até a manhã do dia 11.

*A chegada ao Vaticano dos cardeais do mundo todo é capturada pelas câmeras da mídia internacional. Usando estritamente batinas tradicionais, há quem chegue a pé, em especial os que encontraram alojamento ali perto ou vivem dentro da pequena cidade-Estado, e há quem chegue de carro, em particular os mais velhos ou os que residem a quilômetros de distância. Os cardeais, antes de chegarem à Sala Nova do Sínodo, onde ocorrem as reuniões, cumprimentam-se e trocam algumas palavras diante da entrada do edifício, sob os olhares curiosos dos fotógrafos. Os americanos chegam todos em grupo, em um micro-ônibus; também chegam juntos alguns brasileiros, assim como um grupo de italianos.*

*Alguns param para falar com os jornalistas, outros se esquivam das perguntas e dos comentários, entrincheirando-se no silêncio imposto pelas regras das congregações. Há manifestantes que protestam contra a presença de alguns cardeais, acusados em suas dioceses de terem encoberto casos de abusos — exigem sua saída do conclave —, e também há os caçadores de autógrafos* cardinalícios, colecionadores ou simples curiosos que desejam revendê-los on-line a valores exorbitantes.

O cardeal Bergoglio, envolto em seu casaco preto, chega sozinho, a pé, com a bolsa nas mãos e sem o solidéu roxo na cabeça, e atravessa a Praça de São Pedro. Fiéis e jornalistas não o reconhecem, o que lhe permite chegar na hora, sem obstáculos. Caminhou cerca de meia hora porque, também naquela ocasião, o jesuíta se hospedou na Casa do Clero em Via della Scrofa, a dois passos de Piazza Navona, e para chegar ao destino precisou fazer a longa caminhada de sempre.

É o dia 9 de março, e, para a IX congregação da manhã, o arcebispo de Buenos Aires, que os jornalistas tinham incluído entre os elegíveis no conclave de 2005, escreveu um breve discurso que vai proferir diante de todo o Colégio Cardinalício, um relatório sobre como, na sua opinião, a Igreja deveria ser, distante da autorreferencialidade e do mundanismo. O arcebispo também apresenta um breve documento com dados sobre o próximo papa.

— O cardeal Jorge Mario Bergoglio, arcebispo de Buenos Aires, pediu a palavra. Por favor, eminência...

Padre Jorge fica de pé, pega as anotações preparadas à mão, em espanhol, e começa a ler, consciente que o tempo à sua disposição é limitado; tem apenas três minutos, quando acabar, o microfone desligará automaticamente.

Bom dia. Fez-se referência à evangelização. É o motivo de existência da Igreja. "O doce e reconfortante prazer de evangelizar" (Paulo VI). É o próprio Jesus Cristo que, de dentro, nos impulsiona.

1. Evangelizar implica zelo apostólico. Evangelizar pressupõe, na Igreja, a *parrésia* de sair de si mesma. A Igreja é chamada a sair de si mesma e a dirigir-se às periferias, não apenas as geográficas, mas também as existenciais: as do mistério do pecado, da dor, das injustiças, as da ignorância e da ausência de fé, as do pensamento, as de toda forma de miséria.

2. Quando a Igreja não sai de si mesma para evangelizar, torna-se autorreferencial e adoece (como a mulher encurvada sobre si mesma no Evangelho). Os males que, no transcorrer do tempo, afligem as instituições eclesiásticas têm uma raiz na autorreferencialidade, em uma espécie de narcisismo teológico. No Apocalipse, Jesus diz que Ele está no limiar e chama. Evidentemente, o texto se refere ao fato de que Ele está fora da porta e bate para entrar... Porém, às vezes penso que Jesus bate de dentro, para que o deixemos sair. A Igreja autorreferencial pretende manter Jesus Cristo dentro dela e não o deixa sair.

3. A igreja, quando é autorreferencial, sem perceber, acredita ter luz própria; deixa de ser o *mysterium lunae* e dá lugar

àquele mal tão grave que é a mundanidade espiritual (segundo De Lubac, o pior mal em que a Igreja pode incorrer). Aquele viver para dar glória uns aos outros. Simplificando, há duas imagens da Igreja: a Igreja evangelizadora que sai de si mesma; aquela do *Dei Verbum religiose audiens et fidenter proclamans* (a palavra de Deus que [a Igreja] escuta religiosamente e proclama fielmente, N. R.) ou a Igreja mundana que vive em si mesma, por si, para si. Isso deve iluminar as mudanças e reformas possíveis a serem realizadas para a salvação das almas.

4. Pensando no próximo papa: um homem que, por meio da contemplação de Jesus Cristo e da adoração de Jesus Cristo, ajude a Igreja a sair de si mesma em direção às periferias existenciais, que a ajude a ser a mãe fecunda que viva da "doce e confortante alegria de evangelizar".

Aquele discurso foi minha condenação! Menos de três minutos que mudaram a minha vida. No fim, houve aplausos, e mais tarde disseram que, a partir daquele momento, meu nome começou a circular. Devo admitir que, até o último dia, eu não percebera nada; como já disse, meu foco estava nas homílias deixadas inacabadas sobre a escrivaninha em Buenos

Aires, e eu não via a hora de voltar para casa. Disseram-me que, nos últimos dias, o dia 12 e a manhã de 13 de março, falou--se muito sobre mim, e de fato cheguei a receber alguns votos, mas eu pensava que tinham sido os chamados *votos de depósito*, isto é, preferências colocadas ali temporariamente por quem ainda não tinha identificado o candidato no qual votar.

Então, no dia da eleição, 13 de março, depois de passar a manhã na Capela Sistina para as votações, tive três sinais muito evidentes.

Devo começar dizendo que, nos dias de conclave, para não termos contato com o mundo exterior, todos dormíamos na Casa Santa Marta; retornando ali para o almoço, antes de ir comer, subi ao quinto andar, onde estava hospedado o cardeal Jaime Ortega y Alamino, arcebispo de Havana, que me pedira uma cópia daquele discurso proferido durante as congregações gerais. Levei para ele a transcrição, pedindo desculpa porque estava escrito à mão e informando que eu não tinha cópias. E ele me disse:

— Ah, que maravilha, levo para casa uma lembrança do novo papa... — Esse foi o primeiro sinal, ainda que não o tenha entendido.

Peguei o elevador para retornar ao meu andar, o segundo, mas no quarto andar entrou o cardeal Francisco Errázuriz, arcebispo emérito de Santiago, no Chile, que eu conhecia dos tempos de Aparecida.

— Já preparou o discurso? — perguntou ele.

— Que discurso? — respondi, curioso.

— O de hoje, que você fará quando surgir do balcão central da basílica... — Foi sua resposta.

Aquele foi o segundo sinal, mas, também neste caso, não entendi.

Depois desci para o almoço, e entrei na sala com o cardeal Leonardo Sandri. Alguns cardeais europeus que já estavam lá dentro me disseram:

— Venha, Eminência, venha aqui, fale um pouco sobre a América Latina...

Sem dar muita importância, aceitei o convite, mas fizeram um verdadeiro interrogatório, com muitas perguntas.

No fim do almoço, enquanto eu saía, veio até mim o cardeal Santos Abril y Castelló, que eu tinha conhecido bem quando fora núncio apostólico na Argentina. Perguntou:

— Eminência, desculpe perguntar, mas é verdade que lhe falta um pulmão?

— Não, não é verdade — respondi. — Falta-me apenas o lobo superior do pulmão direito.

— Quando aconteceu? — insistiu ele.

— Em 1957, quando eu tinha 21 anos — expliquei.

Ele ficou sério e, bastante irritado, afirmou:

— Essas manobras de última hora...

E esse foi o momento preciso em que me dei conta de que os cardeais estavam pensando em mim como sucessor de Bento XVI.

De tarde, voltamos todos ao conclave; ao chegar diante da Capela Sistina, encontrei o cardeal italiano Gianfranco Ravasi, e paramos para conversar porque, para meus estudos, eu sempre usava as edições dos livros sapienciais editados por ele, em especial o livro de Jó. Ficamos ali fora conversando, indo e voltando perto da entrada, depois do que acontecera no almoço, em meu nível subconsciente, eu não queria entrar, pois temia que se iniciassem as eleições. Tanto que, a certa altura, um mestre de cerimônias pontifício saiu e perguntou-nos:

— Vocês entram ou não?

Na primeira votação, quase fui eleito, e então o cardeal brasileiro Cláudio Hummes se aproximou e me disse:

— Não tenha medo! É obra do Espírito Santo!

Depois, na terceira votação daquela tarde, no voto de número 77, quando meu nome atingiu 2/3 das preferências, todos deram uma longa salva de palmas. Enquanto o escrutínio continuava, Hummes se aproximou de novo, beijou-me e disse a frase que permaneceu sempre em meu coração e em minha mente:

— Nunca se esqueça dos pobres...

Foi ali que escolhi o nome que teria como papa: Francisco. Em homenagem a São Francisco de Assis. Comuniquei isso oficialmente ao cardeal Giovanni Battista Re. O decano, que era o cardeal Angelo Sodano, e o subdecano, o cardeal Roger Etchegaray, estavam fora do conclave porque tinham mais de 80 anos e, portanto, sendo o primeiro cardeal bispo eleitor por ordem de antiguidade, Re, conforme o previsto pelas normas, exercia as funções de decano na Capela Sistina. Foi ele quem me fez as duas perguntas previstas no ritual: "Aceita a sua eleição canônica a Sumo Pontífice?" e "Com que nome deseja ser chamado?".

Mais uma vez, minha vida tinha sido virada do avesso pelos planos de Deus. O Senhor estava ao meu lado, eu sentia sua presença, antecipou-me e acompanhou-me ao longo dessa nova missão a serviço da Igreja e dos fiéis, decidida pelos cardeais que agiram movidos pelo Espírito Santo.

Quando chegou o momento de vestir pela primeira vez as vestes de Pontífice, o então mestre das Celebrações Litúrgicas Pontifícias, monsenhor Guido Marini, no interior da chamada Sala das Lágrimas, explicou-me com muita paciência tudo o que precisava ser feito e mostrou-me a cruz peitoral, os sapatos vermelhos, a batina branca em três tamanhos diferentes e outras vestimentas papais, entre as quais a mozeta vermelha. Eu lhe disse:

— Agradeço muito pelo seu trabalho, monsenhor, mas sou muito afeiçoado às minhas coisas: vestirei apenas a batina branca e manterei a minha cruz peitoral de arcebispo e meus sapatos, que são ortopédicos! — Ele, com grande disponibilidade, aceitou minha decisão.

Em seguida, falei ao mestre de cerimônias que, depois do *Habemus Papam*, eu desejava ter ao meu lado no balcão central da basílica o cardeal Cláudio Hummes e o então vigário da Diocese de Roma, o cardeal Agostino Vallini. E fui agraciado.

Não posso esconder que senti uma grande emoção ao ver toda aquela multidão na Praça de São Pedro, esperando para conhecer o novo papa. Havia bandeiras do mundo todo, orações, cantos e, apesar da chuva, todos tinham permanecido ali, esperando. O Espírito soprou sobre o povo, foi um momento de graça para toda a Igreja, um único coro de orações se elevava ao céu para dar graças ao Senhor!

Um pensamento seguiu até os meus pais, a vó Rosa, os meus irmãos... pensei em todas as pessoas pobres e à margem que eu conhecera ao longo da vida e encontrei a força necessária graças à lembrança deles; então decidi colocá-los no centro do meu serviço. Uma Igreja *pobre para os pobres*, uma Igreja hospital de campanha, uma Igreja *missionária, de saída*, com uma Cúria romana reformada, assim como pedira o Colégio Cardinalício.

Depois de saudar o povo, dei meu primeiro telefonema para o papa emérito: queria lhe agradecer, mais uma vez, pelo seu trabalho, pedi que rezasse por mim e prometi encontrá-lo muito em breve. Quando chegou a hora do jantar, liguei também para o núncio apostólico na Argentina, o então monsenhor Emil Paul Tscherrig, que nomeei cardeal no consistório de setembro de 2023. Disse-lhe que informasse os bispos e o clero local para não irem à missa inaugural do meu pontificado, em 19 de março, e que destinassem o valor da passagem aérea aos pobres.

No dia seguinte pela manhã, vesti pela segunda vez a batina branca, mas tive um pouco de dificuldade com a gola. Meu vizinho de quarto ainda era o cardeal Paolo Romeo, arcebispo de Palermo, que, por sorte, estava no corredor e me deu uma mão para colocá-la! Depois da missa matutina e do café da manhã, fui até a basílica de Santa Maria Maggiore, para rezar diante da imagem da *Salus populi romani*, confiando-lhe o meu pontificado. E, visto que estava fora do Vaticano, fui até a residência na Via della Scrofa para pegar minhas coisas e pagar a conta, que ainda estava pendente!

Então, à tarde, depois da missa celebrada na Capela Sistina, levaram-me para ver a residência pontifícia no terceiro andar do Palácio Apostólico, mas pensei que fosse exagerado demais para mim: se eu morasse naquele lugar, certamente precisaria de um psiquiatra! Para ficar bem, tenho necessidade de estar em meio às pessoas, ali eu ficaria isolado demais do mundo exterior. Assim, a solução que encontramos foi Santa Marta. No andar onde eu residi durante o conclave havia um quarto um pouco maior, que costuma ser reservado ao papa que acaba de ser eleito. Quando ficou pronto e mostraram-me, decidi me transferir para lá. Tem uma sala de estar para visitas, um quarto com banheiro e um pequeno escritório, com outro banheiro para as visitas.

Procurei manter todos os hábitos de quando eu estava em Buenos Aires, tentando não mudar demais a minha vida. Uma das coisas que, em especial nos primeiros anos, fez-me mais falta foi não poder sair na rua, não poder ir até as periferias para assistir os pobres, não poder usar os meios de transporte públicos, não poder ir comer uma pizza com os amigos como fazia na Argentina. Mas, em compensação, encontrei muitas pessoas boas que eu não conhecia antes, e por isso agradeço ao Senhor todos os dias. E falo com frequência com meus familiares, minha irmã, meus primos e os amigos de sempre por telefone, carta e e-mail. Não fazemos videochamadas porque não consigo, mas mantemos contato pelos meios tradicionais. Infelizmente, muitos dos amigos da vida inteira não estão mais aqui, mas estão sempre em meus pensamentos e orações.

Quanto ao meu serviço, não faltam projetos, e há muito ainda a fazer. Nos últimos anos, recebi do Senhor o presente de viver momentos de grande alegria: desde as coisas mais simples (como um encontro ou um apertar de mãos) até as mais importantes, como as muitas viagens que realizei pelo mundo e todas as pessoas que pude abraçar, da América à África e à Ásia.

Lembro-me sempre da minha primeira viagem a Lampedusa, na província de Agrigento, a porta da Europa, aonde chegam aqueles que buscam desesperadamente um futuro distante das guerras e da fome. Depois da tragédia ocorrida no Mediterrâneo pouco tempo antes, era necessário, naquele mês de julho de 2013, aceitar o convite daquele pároco de periferia, Dom Stefano, e dali iniciar uma viagem pela rota dos migrantes, que na verdade ainda não foi concluída, pois sobre o tema das migrações há muito trabalho a ser feito.

Olhando para o meu país, a Argentina, o novo presidente Javier Milei convidou-me para uma viagem de "pacificação". A situação lá não é simples, muitas pessoas sofrem com a pobreza, e eu gostaria de oferecer minha proximidade. Espero poder ir, mesmo que já não seja fácil para mim viajar, como era no passado, principalmente longas distâncias. Veremos o que o Senhor decidirá para mim.

Além disso, penso no diálogo e nos passos dados com nossos irmãos judeus, com nossos irmãos ortodoxos, com um caminho ecumênico e um diálogo fraterno que está trazendo bastantes frutos, e no edificante diálogo com nossos irmãos muçulmanos.

Penso nos passos adiante que a Igreja deu nos últimos anos, uma Igreja no caminho, na escuta, como apenas uma mãe sabe fazer; uma Igreja sinodal, unida, que se coloca a serviço do povo de Deus, apesar de existirem aqueles que no seu seio, vítimas de soberba e egoísmo, vítimas de tentações diabólicas, querem vê-la dividida, como se houvesse duas torcidas opostas.

Também penso nas mulheres, que encontram cada vez mais espaço e atenção nas estruturas da Igreja, penso nos leigos e nos jovens, que são um grande tesouro e uma grande esperança para o futuro.

Mas nos últimos anos temos vivido e estamos vivendo também provações muito dolorosas. Penso na terceira guerra mundial "fragmentada" que vem sacudindo o mundo há tempo demais; os conflitos nas várias partes do planeta que estão destruindo a humanidade e a fraternidade entre os povos, com cada vez mais irmãos e irmãs sofrendo sob as bombas. A quem não sente piedade e remorso por essa pobre gente que morre, lanço o enésimo apelo: parem as armas! Parem as bombas! Parem a sede de poder! Parem, em nome de Deus! Basta, eu lhes imploro!

Penso também na exploração, cada vez mais insistente, da nossa casa comum: o planeta Terra. A questão ambiental não pode mais ser adiada, tornou-se tão dramática e urgente que eu tinha decidido participar pessoalmente da Conferência das Nações Unidas sobre o clima, a COP28, que aconteceu em Dubai, nos Emirados Árabes Unidos, entre o fim de novembro e os primeiros dias de dezembro de 2023. Infelizmente, uma infecção pulmonar me obrigou a permanecer em casa, os médicos me desaconselharam a fazer essa viagem para evitar as mudanças de temperatura típicas daquele país e o agravamento da situação. Mas que não haja dúvida: com minha boa dose de imprudência, eu teria ido, apesar desse mal-estar, encorajar os líderes das nações a mudarem de rumo. E deve-se mudar de rumo, ou será o fim de tudo, e os sacrifícios feitos ao longo de tantos anos terão sido em vão. Por fim, contudo, decidi seguir o conselho dos médicos e confiei meu discurso ao cardeal Pietro Parolin, o secretário de Estado que o pronunciou no dia 2 de dezembro. O que estamos fazendo à criação, como eu disse naquela ocasião, é uma grave ofensa a Deus. E quero acrescentar que é uma traição gravíssima para com os mais fracos, que, mais do que todos os outros, sofrerão as consequências. Basta pensar, por exemplo, nos refugiados climáticos, que fogem de suas terras já devastadas pela seca, ou nas populações pobres afetadas por inundações devastadoras, por tempestades ou outros fenômenos meteorológicos. O grito do planeta não pode continuar sem ser ouvido, não temos mais tempo, estamos jogando com o futuro dos jovens, com o futuro da própria humanidade.

Por fim, penso também nos anos trágicos em que vivemos a pandemia, um momento que nos fez entender quanto o mundo é frágil e quanto a humanidade precisa parar, olhar-se no espelho e refletir sobre si própria.

XIII

# A PANDEMIA DE COVID-19

*O centro de Roma está imerso em solidão. Reina um silêncio espectral: nenhum barulho nos arredores do Coliseu, nenhum violão tocando em frente ao Panteão, as vielas de Trastevere estão desertas, as portas de aço dos restaurantes, fechadas, apesar de ser domingo. Os músicos de rua, com seus acordeões, desapareceram, assim como os vendedores ambulantes nas proximidades do Vaticano. A Praça de São Pedro, em geral lotada com milhares de fiéis que aguardam o Angelus do papa, está completamente vazia ao meio-dia. Francisco não surgiu à janela. O pontífice recitou a oração mariana em casa, filmado por câmeras posicionadas no interior da biblioteca privada do Palácio Apostólico, e pôde ser acompanhado via TV, rádio e internet.*

*Os últimos turistas, que em geral ficavam na fila para entrar na basílica ou visitar os Museus Vaticanos, conseguiram escapar antes de serem infectados, e agora nota-se apenas a presença das gaivotas que vasculham uma lata de lixo transbordante. Os únicos cidadãos a circular na cidade de Roma estão nos hospitais, nas farmácias ou fazendo fila nos supermercados; é preciso esperar sua vez e pegar o necessário para viver, torcendo para que as prateleiras ainda estejam cheias: farinha, leite, macarrão, fermento, água, azeite.*

*Naquele início de tarde de 15 de março de 2020, os rádios dos torcedores não estão sintonizados nas partidas de futebol: os estádios estão fechados, o campeonato foi suspenso. Em transmissão, apenas música e os noticiários com a contagem dos mortos: mais de 1.400 na Itália, diz o boletim da Proteção Civil que saiu no dia anterior, às 18 horas. Mais de 20 mil infectados desde o início da pandemia.*

*As unidades de terapia intensiva, especialmente no norte do país, estão em colapso, as casas de repouso parecem bombas perto de explodir, a Itália vive um pesadelo com a pandemia de covid-19, cuja causa é o coronavírus que veio da China e espalha-se depressa no mundo todo, dos Estados Unidos à Nova Zelândia.*

*Alguns dias antes — 9 de março —, o governo italiano decretou o lockdown por meio de um anúncio do primeiro-ministro:*

ninguém poderá deixar a própria casa a não ser por motivos sérios. A maior parte das atividades comerciais deverá permanecer fechada para evitar aglomerações de pessoas, assim como escolas, igrejas, academias, museus, cinemas e teatros. A palavra de ordem é fiquem em casa. Essa é a fórmula que as viaturas de polícia local difundem pelos megafones com uma gravação, percorrendo as ruas das metrópoles.

Há algumas semanas, o papa acompanha com atenção a evolução da pandemia no mundo todo, lendo os relatórios divulgados pela Organização Mundial da Saúde, que lhe são entregues quase todos os dias. Reza pelas vítimas e seus familiares, por quem viu a vida virar de cabeça para baixo, por quem perdeu o trabalho, pelos idosos que ficaram sozinhos. Mas acredita que deveria fazer algo a mais para acabar com aquele pequeno inimigo invisível.

Assim, na tarde daquele domingo frio, imerso no silêncio de uma Roma que parece adormecida, o homem vestido de branco, depois de um rápido percurso de carro, decide caminhar a pé pelas ruas da capital deserta. Ao redor dele, a distância e com discrição, apenas os homens da Gendarmaria do Vaticano: Papa Francisco saiu sem avisar ninguém, pouco depois das 16 horas, para realizar uma peregrinação em duas etapas, primeiro até a basílica de Santa Maria Maggiore, e depois até a Igreja de São Marcelo no Corso. Na primeira, está guardada a imagem da

Salus populi romani, *a quem Francisco confiou seu pontificado. Na segunda, é mantido o crucifixo milagroso, cuja madeira do século XIV ficou intacta após um incêndio noturno que destruiu a igreja em maio de 1519. Três anos depois, no verão de 1522, quando Roma foi atingida pela peste, o grande crucifixo foi carregado nos ombros em procissão por todos os bairros da capital, até a Praça de São Pedro. Os devotos repetiram o rito por dezesseis dias consecutivos, quase até o fim de agosto daquele ano, quando a pandemia passou.*

Refleti muito a esse respeito, pensando em que gesto eu poderia fazer, e, diante da situação dramática que a Itália e o mundo estavam atravessando, decidi por isto: ir até o crucifixo de Jesus e a Nossa Senhora *da salvação do povo romano.* Sempre a procuro, antes ou depois de uma viagem apostólica, e também em qualquer outra situação especial.

Avisei com antecedência a Gendarmaria de que, naquela tarde, eu sairia para um compromisso importante. Assim, depois de chegar de carro até mais ou menos a altura da Piazza Venezia, caminhei alguns metros a pé ao longo da Via del Corso, em direção à igreja de São Marcelo, onde é mantido o crucifixo milagroso do qual tanto me falaram.

Era incrível: eu me encontrava no coração de Roma às 16h30 de um domingo e estava completamente imerso no silêncio. Não havia ninguém em volta, nenhum táxi, nenhum ônibus turístico, nem mesmo um transeunte. Era um cenário irreal e dramático, e eu não parava de pensar nas pessoas obrigadas a permanecerem fechadas em casa para evitar o contágio. No passado, como cardeal, eu caminhara muito a pé por aquelas ruas de Roma, e até como papa, às vezes, fui ao centro para ir à ótica ou algum outro comércio; em todos os casos, o trânsito, assim como os turistas ou os romanos, sempre foi perceptível, a qualquer hora do dia. Talvez por isso, naquele domingo à tarde, fiquei particularmente impressionado com o silêncio e a desolação que envolviam toda a cidade.

Ao longo daquela curta caminhada, rezei muito ao Senhor, pensando nas vítimas do vírus, mas também em todos os profissionais da saúde, nos voluntários e voluntárias; rezei pelos padres e pelas freiras que morreram infectados nas enfermarias; rezei pelos governantes, para que pudessem encontrar logo soluções. Quando entrei na igreja, com um maço de flores para depositar aos pés do crucifixo, mantido em um santuário, fui acolhido por um grupo de dez frades e fiquei alguns minutos em silêncio diante do Cristo crucificado. Falei-lhe com o coração, com a naturalidade que existe entre irmãos ou amigos; invoquei o fim da pandemia e pedi-lhe para se lembrar de todas e todos nós, e que não nos abandonasse durante aquela provação tão dura para a humanidade.

Na manhã daquele mesmo dia, antes do Angelus — que infelizmente recitei em ambiente fechado —, eu desejara agradecer a todos os sacerdotes por seu zelo apostólico e sua criatividade, pois, em particular no Norte da Itália, na Lombardia, naquele período os padres vinham encontrando mil formas de se aproximarem do povo, para evitar que as pessoas se sentissem abandonadas.

A esse respeito, em um daqueles dias, telefonara-me um ótimo bispo italiano que estava vivendo um momento de grande dificuldade por causa do número de internações e de casos de covid-19 em sua diocese. Contou-me com tristeza que, durante a semana, incluindo os domingos, passava em todos os hospitais para abençoar e dar a absolvição aos enfermos, mas fazia tudo na sala de espera, pois, por causa do risco de contágio, não lhe permitiam acessar as áreas de terapia intensiva. Em virtude disso, foi criticado por alguns estudiosos do cânone, que lhe disseram que a absolvição só pode ser consentida com o contato físico direto.

Ele me perguntara: "O que eu posso fazer?". Eu lhe respondi para simplesmente cumprir com seu dever de sacerdote e agir como o Senhor desejaria. Ele agradeceu, e depois me disseram que continuara a dar as absolvições.

Todos esses são exemplos de grande misericórdia, de amor para com o povo, de padres que não agem como covardes como Dom Abbondio, do livro *Os noivos*, de Alessandro Manzoni, e sim colocam as pessoas em primeiro lugar, mesmo arriscando a própria vida. A respeito dessa obra-prima de Manzoni, também me vem à mente o personagem do cardeal Federigo Borromeo, definido por mim como um *herói* da peste de Milão; no seu *De pestilentia*, que Manzoni utilizou como fonte histórica para a construção do romance, o cardeal escreve que, na cidade atingida pela epidemia, locomovia-se dentro de uma liteira, protegido por vidros, e só cumprimentava por detrás da janelinha, sem nunca se aproximar de ninguém. O fato de ele permanecer por trás do vidro, ao que parece, não agradou muito ao povo, que buscava a proximidade e o conforto de seu pároco. Mas, durante a epidemia de covid-19, muitos padres ficaram perto de seus paroquianos, e também me vêm à mente os enfermeiros e médicos, que todos os dias deixavam a própria família para ficar com os doentes.

Eu também queria fazer a minha parte com algum gesto mais concreto. Como teria gostado de visitar os hospitais para confortar os enfermos que ficaram sozinhos! Como desejei visitar as casas de repouso e escutar as histórias dos idosos que estavam vivendo meses de isolamento! Como teria gostado de rezar o Santo Rosário junto a todas aquelas pessoas trancadas em casa por meses, sem poder sair. Mas as restrições sanitárias me obrigaram a ficar em casa, enjaulado, mudando meus hábitos à força, e não posso esconder que sofri muito. Felizmente, mantive contato com todos pelos meios de comunicação social: fizemos muitas reuniões on-line, celebrei a missa na capelinha de Santa Marta e pedi que fosse transmitida pela televisão e pela internet, de maneira que todos pudessem se unir em oração.

O período de solidão gerado pelo lockdown também me ajudou a evitar as tentações do egoísmo, pois pude rezar mais e pensar com maior frequência nas pessoas. Além disso, também refleti durante muito tempo sobre como abordar meu papel como bispo de Roma quando a crise terminasse.

Naqueles meses, segui adiante com uma certeza: todos sairíamos daquela provação melhorados ou piorados. Para sair dela melhores, o único caminho seria rever tudo, analisando as situações mais dramáticas e tomando consciência delas com realismo. De fato, apenas sendo realista é possível enfrentar as crises. Lembremos, por exemplo, de que, durante a pandemia de covid-19, tudo parou e, em termos ambientais, foi como se o planeta tivesse voltado a respirar. Um contrassenso, não? Mas há um provérbio espanhol que diz: "Deus perdoa sempre, nós perdoamos às vezes, e a natureza, nunca". Foi isto o que aconteceu: distraídos por outras prioridades, não prestamos atenção aos desastres que vieram e explodiram de repente, sem que nos déssemos conta. Não podemos esquecer que tudo está interconectado, e que nossa saúde depende dos ecossistemas criados por Deus. O coronavírus, assim como o degelo glacial ou os grandes incêndios que devastam hectares e mais hectares de matas podem ser uma reação da natureza ao descuido e à exploração operada por nós humanos.

Podemos dizer com certeza que, até hoje, prevaleceu um estilo de vida que destrói o meio ambiente sem piedade. Faltou a contemplação, cedendo a um antropocentrismo soberbo que levou o homem a sentir-se o dominador absoluto de todas as criaturas. Nossa tarefa, em vez disso, juntamente com as gerações que chegarão depois de nós, é proteger nossa casa em comum, reconstruir o que destruímos e corrigir tudo o que, mesmo antes da covid-19, não estava funcionando e contribuiu para agravar a crise.

Gosto de ver como os jovens, em especial os meninos e as meninas nas escolas, já estão empenhados em lutar pela proteção do meio ambiente, protestando contra as decisões dos governos que não intervêm suficientemente nas alterações climáticas. O tempo está se esgotando, não nos resta muito para salvar o planeta, e, lembrando-me desses jovens que saem às ruas, eu digo sempre: *haciendo lío* — fazendo barulho —, mas desde que os protestos não conduzam a ações violentas nem acabem por desfigurar o território ou as obras de arte.

Todos estamos envolvidos nessa crise, ricos e pobres, e infelizmente devo constatar que, durante o período da pandemia, prevaleceu, em certos casos, a hipocrisia de alguns personagens políticos, que, se por um lado, diziam desejar enfrentar a crise e combater a fome no mundo, por outro, gastavam muito dinheiro em fornecimento de armas. Precisamos de coerência, precisamos de um renascimento que possa trazer um sopro de confiança aos cidadãos.

E quero acrescentar que também é preciso rezar mais: rezamos muito pouco nesta sociedade líquida, oprimida pela imediatez dos acontecimentos, que não nos permite mais parar um instante para refletir. Há pouca oração em família, as orações vespertinas em língua materna ou em dialeto, que nossos avós nos ensinaram, caem cada vez mais no esquecimento, e muita gente se distanciou da fé pensando que a pandemia fosse uma punição divina. Não é! O Senhor ama o ser humano, o Senhor é Senhor da vida, não da morte! Também por essa razão, na fase mais difícil do confinamento, quis conduzir um momento extraordinário de oração na Praça de São Pedro que pudesse envolver o mundo todo.

— *Sua Santidade, estamos prontos para partir quando quiser.*

*Papa Francisco assente com a cabeça:*

— *Sim, estou indo...*

*Um de seus ajudantes de quarto entra na sala após uma rápida batida à porta para avisar que está quase na hora de seu compromisso. Em seu escritório na Casa de Santa Marta, o pontífice de 83 anos, com uma pequena luz acesa sobre a escrivaninha, está imerso na leitura do Evangelho e faz algumas modificações no texto da meditação que proferirá em breve. Trabalhou muito nela, buscando as palavras certas para transmitir seu estado de espírito e, ao mesmo tempo, inspirar confiança em quem a ouvisse. Na entrada do edifício, ele é aguardado com um guarda-chuva aberto; logo chegará o carro que, passando pelo arco dos sinos, o levará à base do leque no adro da Praça de São Pedro. No entanto, as* enormes estátuas dos apóstolos Pedro e Paulo, habituadas a velar os peregrinos que vêm de todo o planeta, estão envoltas por um silêncio irreal.

A praça está desolada, privada de seu fervor habitual, e ao redor o ar é uma mistura de medo e desconsolo. Tornando o momento ainda mais dramático, cai uma forte chuva, um temporal insistente que, apesar de ser primavera, atinge toda a cidade e com seus raios ilumina o céu escuro do fim de março. Ao fundo, ouve-se apenas o som das sirenes das ambulâncias, que agora vão e vêm diariamente entre os hospitais e as casas de quem foi contaminado com a infecção pulmonar letal. O número de mortos aumenta a cada dia — os infectados são quase 90 mil na Itália —, as pessoas se agarram ao que podem, a qualquer solução que se apresente diante de seus olhos, mesmo a mais ínfima. Em todo o mundo, chora-se as vítimas, parece não haver uma saída, uma solução para vencer esse inimigo invisível que já se espalhou por todos os cantos do globo, obrigando as nações a fecharem as portas para as relações sociais. Porém, uma luz de esperança continua acesa: é a luz da fé, de quem pede a Deus para dar um fim a esse suplício.

O carro chega à praça com o papa, e Francisco desce para se encaminhar até o adro. São os passos lentos e solitários do pastor que leva às costas as esperanças e as dores do mundo, os passos do homem Jorge Mario Bergoglio que olha para cima, para o adro, para dois imensos símbolos de esperança: o crucifixo milagroso de São Marcelo no Corso e a imagem da Salus populi romani. Ele os quis ali, ao seu lado, para a Statio Orbis de 27 de março de 2020, esse momento único de união espiritual, de comunhão coletiva, apesar da distância física.

Francisco se recolhe em oração; ao seu lado, o mestre de Celebrações Litúrgicas Pontifícias o ajuda e lê uma passagem do Evangelho. Depois, o papa começa a leitura de sua meditação com voz calma e tranquilizadora. Suas palavras ressoam pela praça deserta, mas alcançam o coração de milhares de pessoas. Seu discurso se difunde no silêncio, enquanto as pessoas em casa se unem a ele espiritualmente, certas de não estarem mais sozinhas na travessia daquele caminho árduo, certas de que, ali na praça sob a chuva, a presença do pároco as acompanhará no curso da tempestade. Francisco olha ao longe, em direção à cidade silenciosa. Seus olhos estão úmidos. Depois, seu olhar se dirige para a direita, onde se ergue o monumento aos migrantes de várias épocas históricas, homens e mulheres que se espremem juntos em uma pequena embarcação.

— Há semanas — diz Francisco, lendo o discurso —, parece que se fez noite. A densa escuridão cobriu nossas praças, ruas e cidades; tomou conta de nossa vida, preenchendo tudo com um

*silêncio ensurdecedor e um vazio desolador que, ao passar, para-*
*lisa tudo: é possível sentir no ar, perceber nos gestos, os olhares nos*
*informam. Ficamos assustados e perdidos. Como os discípulos do*
*Evangelho, fomos pegos desprevenidos por uma tempestade ines-*
*perada e furiosa. Percebemos que estávamos no mesmo barco, to-*
*dos frágeis e desorientados, mas ao mesmo tempo importantes e*
*necessários, todos exortados a remar juntos, precisando confortar*
*uns aos outros. Nesse barco... estamos todos. Como aqueles discí-*
*pulos, que falam em coro e dizem, na angústia: "Estamos per-*
*didos", nós também percebemos que não podemos ir adiante*
*sozinhos, apenas juntos.*

Naquele momento, a fé e a esperança eram mais fortes do
que qualquer vírus. O mundo estava nas garras das trevas, e
por isso pensei que era necessário um instante de oração que
unisse todos para alimentar a chama da esperança que
iluminaria o caminho do mundo. A ideia dessa oração extraordinária na praça nasceu de um padre, Dom Marco Poz-
za, capelão de uma prisão do Norte da Itália, que me propôs
uma *Statio Orbis*, isto é, um gesto grandioso que pudesse unir
as pessoas de todo o planeta em um único coro em direção
ao céu. Foi algo extraordinário, porque eu nunca havia me

encontrado em uma situação como aquela na Praça de São Pedro, em geral lotada de fiéis.

Muitos se perguntaram no que eu estava pensando enquanto ia a pé até o adro; nada de extraordinário: eu pensava na solidão das pessoas. Estava sozinho, e muitas pessoas no mundo viviam a mesma situação que eu, mas em condições bem mais difíceis. Enquanto caminhava, tive um pensamento que definiria como *inclusivo*, porque meu coração e minha mente estavam com cada ser humano: eu estava totalmente com você.

Estava sozinho na praça, é verdade, mas apenas fisicamente, pois em espírito tinha contato com todos e todas, sentia essa proximidade na força da oração: a oração que faz milagres. Por isso, pedi que também estivessem ali o crucifixo milagroso e a *Salus populi romani*! Parei em oração diante do Cristo na cruz e lhe pedi que interviesse na pandemia: usei uma expressão linguística muito comum na Argentina, *meté mano, por favor* — coloque a mão, por favor. E acrescentei:

— Você já resolveu uma situação como essa lá em 1500, sabe bem como fazer...

Também me agarrei à oração, em busca de um milagre, e fiz o mesmo diante da imagem de Nossa Senhora, confiando-lhe o mundo e pedindo-lhe que fosse mãe, não apenas do povo romano, mas de todo o planeta. Depois, observei a praça completamente vazia do alto do adro: o silêncio reinava, ouvia-se apenas as sirenes e a chuva que caía cada vez mais forte. Pensei que, apesar da ausência do povo, estávamos juntos, ainda que a distância; depois, olhei de longe o monumento com o barco dos migrantes e pensei no barco em que estávamos, todos assustados e sem saber quantos chegariam ao fim da viagem.

Era um momento grandioso, a tristeza poderia facilmente ter tomado conta, mas encontrei uma luz de esperança quando, por fim, antes da adoração eucarística, beijei os pés do crucifixo: Cristo é de fato a redenção para a humanidade.

O momento mais significativo foi quando tomei nas mãos o Santíssimo Sacramento para a bênção *Urbi et Orbi*: confiei a minha diocese de Roma e o mundo ao Senhor, implorando-lhe para que desse fim àquela tragédia. Em minhas orações, lembrei em particular dos familiares das vítimas e dos trabalhadores da linha de frente, mas também das famílias que sentiam o peso da crise desencadeada pelas restrições, as pessoas com deficiências graves, que viviam nas periferias e pareciam esquecidas por todos, que viviam nas ruas, permanecendo expostas ao vírus, sem possibilidade de se proteger, meninos e meninas que não podiam sair de casa, pessoas sem "parentes", talvez longe de casa, que não podiam encontrar ninguém, os migrantes e as pessoas sem documentos, os encarcerados... E, ainda, todas as pessoas que não puderam se despedir de seus entes queridos com a celebração comunitária do funeral.

Aquele cenário tão pesado começou a mudar quando as primeiras vacinas chegaram. Decidir se vacinar é sempre uma escolha ética, mas sei que muitas pessoas, reunidas em movimentos, opuseram-se à administração desse medicamento. Isso me entristeceu muito, pois, do meu ponto de vista, opor-se ao antídoto foi um ato de negacionismo quase suicida.

Mesmo entre os bispos houve alguns negacionistas da vacina, um ou outro esteve perto da morte porque recusou a cura. Creio que tenha sido gerado um medo generalizado porque alguém explicou de forma superficial o funcionamento dos antídotos, falando apenas de vírus injetados no corpo; algum outro disse que só havia água nos frascos; e houve até quem falasse publicamente de implantação de microchips, e tudo isso contribuiu para criar confusão e pânico. Quando a primeira dose chegou ao Vaticano, agendei minha vacinação imediatamente, e depois também tomei os reforços. Graças a Deus, nunca fui infectado.

Mas sofri naquele período por não poder mais apertar a mão dos fiéis, acariciar o rosto das crianças e dos idosos, abraçar quem pedia um gesto de proximidade. E também sofri porque precisei cancelar ou adiar muitos projetos e viagens que estavam programados. Foram muitas as pessoas — em especial, os pobres — que bateram em nossa porta para pedir a vacina. Assim, em acordo com o esmoleiro do Vaticano, o cardeal Konrad Krajewski, organizamos também ciclos de vacinação para quem não tinha residência fixa e decerto não teria a documentação de moradia para poder apresentar aos centros de vacinação. Houve uma grande onda de voluntariado, não apenas em Roma, mas em todo o mundo!

Porém, devo admitir que, embora de início todos tenhamos sentido que estávamos no mesmo barco, como irmãos, depois de algum tempo prevaleceu a tentação do *salve-se quem puder*, e isso nos fez desviar a atenção das situações mais graves para nos concentrarmos em nós mesmos, em nosso *eu*, colocando em segundo plano o *nós*, o espírito de comunidade. Pensemos, por exemplo, na atenção dirigida aos pobres que buscavam ajuda para poderem se vacinar ou para serem curados da infecção, era como se suas vozes tivessem sido silenciadas. Suas histórias e seus rostos comoviam, é claro, mas, nesses momentos de restrição — que, para alguns, resultaram em fobia de contato físico —, a presença de uma pessoa pobre, em situação de rua ou desfavorecida gerava aborrecimento e criava nova marginalização. Por sorte, houve muitos *bons samaritanos*, bons cristãos que também se ocuparam dos mais fracos durante o confinamento e todo o período de pandemia. Deus interveio para que, apesar da crise, essas pessoas deixassem a porta aberta, sem ceder à raiva e ao medo.

Assim, aos poucos, reerguemo-nos, o mundo recuperou a fé, e também nós, no Vaticano, pudemos retomar todas as atividades, desde as audiências até as celebrações presenciais, com a basílica mais uma vez cheia de gente. Eu voltei a viajar e a encontrar amigos e fiéis, ainda que, nos meses e anos seguintes, não por causa do coronavírus, eu também tenha me adoentado, com períodos de recuperação no hospital.

Essa também foi uma experiência grandiosa, pois a doença, nos cristãos, pode favorecer o crescimento e o discernimento em relação ao que conta verdadeiramente na vida. Além disso, permite experimentar plenamente a solidariedade humana e cristã conforme o estilo de Deus: proximidade, compaixão e ternura. Encontrei nas enfermarias muitos doentes que lutavam pela vida, em particular os pequenos, e isso tocou meu coração. Muitas vezes me perguntei, citando Dostoiévski: por que sofrem as crianças? É uma pergunta que não pode ter uma resposta humana. As melhores respostas que podemos dar são apenas a oração e o serviço dirigido aos meninos e às meninas.

Falando de crianças, no Vaticano ainda sofremos muito com o desaparecimento, ocorrido há mais de quarenta anos, de uma das nossas cidadãs, Emanuela Orlandi, então com 15 anos. Continuo a orar por ela e sua família, especialmente por sua mãe. Há uma investigação aberta no Vaticano, para que essa história possa ser esclarecida e a verdade venha à tona. Falando de Emanuela, porém, quero que todas as famílias que choram a morte de um ente querido sintam a minha proximidade. Estou ao lado delas.

Voltando às minhas internações, elas me deixaram com muito para refletir, mas, nesses períodos, algumas pessoas se interessaram mais em fazer política, criar uma campanha eleitoral, quase pensando em um novo conclave. Não se preocupe, é humano, não há nada com que se escandalizar! Quando o papa está no hospital, há muitos questionamentos, e há também quem especule sobre isso para ganho próprio ou jornalístico. Por sorte, apesar dos momentos de dificuldade, nunca pensei em renunciar, mas falarei disso mais adiante.

Graças à ajuda do Senhor e à oração de tantos fiéis, segui em frente, e logo me vi diante de outras emergências humanitárias, outras crises mundiais: primeiro, a guerra que chocou a Europa, o grande conflito que manchou de sangue a Ucrânia. Depois, a partir de outubro de 2023, um novo conflito que atingiu o Oriente Médio. Eu já pedi muitas vezes e continuo pedindo, dia após dia, que as guerras no mundo acabem, que o diálogo possa prevalecer, que não faltem cuidado e atenção a todas aquelas crianças e a todos aqueles idosos em sofrimento, que as famílias atingidas pela dor vinda do sequestro de seus entes queridos sejam lembradas. Nos bombardeios a Gaza, perdi alguns amigos de origem argentina: foi uma dor imensa! Pessoas que eu conhecia há anos e que de repente encontraram a morte pela mão do homem. Então, sofri muito ao ouvir todos os dias a contagem das vítimas e as notícias dos ataques aos hospitais. Para se fazer saber a minha presença, mantive contato com o pároco de Gaza, de origem argentina, e com algumas freiras que há muitos anos trabalham em meio à população. Além disso, encontrei no Vaticano, em dois momentos diferentes, os familiares de alguns reféns israelenses e os familiares de palestinos presos em Gaza sob bombardeio, e posso garantir que não havia diferença entre eles! Os olhares eram os mesmos: gente simples, carente de amor. Não havia desejo de vingança naqueles olhos, apenas a vontade de reencontrar a paz e uma convivência serena, sem ameaças e sem armas. Só assim poderá haver um futuro para essa humanidade ferida.

# XIV

## UMA HISTÓRIA QUE AINDA DEVE SER ESCRITA

XIV

UMA HISTÓRIA QUE AINDA
DEVE SER ESCRITA

O guarda suíço pontifício está parado há horas diante do pequeno apartamento, no corredor, não muito distante do elevador do segundo andar da Casa de Santa Marta. Ao fundo, ouve-se o zumbido de um ventilador, alguém fala em voz baixa para não incomodar, outra pessoa vai e volta do quarto do papa, tentando caminhar o mais silenciosamente possível. O jovem de pouco mais de 20 anos e mais de 1,90 metro, verifica quem entra e quem sai, faz uma saudação militar, ri de algumas piadas. O uniforme de estilo renascentista parece saído de uma pintura de Raffaello Sanzio, embora, segundo a lenda, quem o desenhou foi Michelangelo Buonarroti. Mas essa é apenas uma história fantasiosa: na realidade, foi o comandante Jules Repond, inspirado justamente *pelos afrescos de Raffaello, quem o idealizou no início do século XX, quando ninguém no mundo imaginava que aquele século seria abalado por duas guerras mundiais e tantos outros acontecimentos que permaneceram na memória coletiva.*

*— Você ainda está vivo?*

*O Papa Francisco saiu para o corredor, está indo até a sala onde mantém os livros e as publicações em diversas línguas que dá de presente aos convidados que recebe para audiências. Precisa de um volume com os seus discursos sobre a Europa, pois tem a intenção de dá-lo à pessoa que está para chegar. Deve ser a sexta vez, desde a manhã, que o papa argentino de 87 anos cruza o caminho daquele guarda ali diante da entrada de seu quarto, e já são 15h15 de uma fria tarde de inverno. Uma piada carinhosa que deixa o jovem surpreso, mas lhe desperta um sorriso.*

*— É... Sim, Sua Santidade, ainda estou vivo, sim! — responde o guarda, fazendo uma saudação militar e infringindo o histórico silêncio que há séculos caracteriza o corpo da guarda pontifícia.*

*— Você comeu alguma coisa desde que te vi esta manhã? — pergunta o papa.*

*O alabardeiro sorri com gratidão, assentindo.*

*Antes de entrar na sala dos livros, o papa coloca um pedaço de papel sob a estátua de São José dormindo, verifica a gaveta da correspondência recebida e deixa alguns papéis para serem* enviados. Pega também um punhado de chocolatinhos recheados que recebeu de presente de alguns bispos brasileiros: doces típicos da Amazônia, disseram-lhe. Vai oferecê-los a seu convidado, que já chegou ao hall da residência. No térreo, há um vaivém silencioso de padres e pessoas laicas. Vários guardas suíços à paisana, de terno preto, junto aos homens da Gendarmaria Vaticana, mantêm tudo em ordem; um guarda suíço de fone de ouvido acompanha a pessoa no salão que o levará ao papa.

— Espere aqui, obrigado — diz ele com voz firme e um forte sotaque alemão.

Enquanto isso, no segundo andar, o pároco jesuíta atravessa a soleira daquele escritório transformado em biblioteca, envolvido pelo perfume das páginas amarelecidas e da tinta dos volumes recém-impressos. Depois, com segurança, dirige-se até a estante onde ficam guardadas as numerosas cópias do livro que deseja levar consigo a seu compromisso.

— Sua Santidade, a pessoa que estava aguardando chegou — informa um dos seus ajudantes de quarto.

— Sim, obrigado — responde ele, enquanto coloca o texto em uma sacolinha que já contém duas outras publicações, alguns terços e os chocolatinhos brasileiros.

Instantes mais tarde, chega ao hall de elevador; o guarda suíço diante do seu apartamento pronunciou um código por rádio informando aos colegas em serviço no térreo que o pontífice está em movimento, dirigindo-se até aquela área da Casa. Uma vez em seu destino, Francisco atende alguns convidados que lhe pedem uma selfie. Depois de uma rápida batida à porta, entra sorridente na sala onde seu convidado o aguarda; na parede destaca-se uma enorme imagem de Nossa Senhora Desatadora dos Nós.

— Como você está? Se quiser, pode tirar o casaco, vamos deixar de formalidades, está bem? — diz o pontífice, cumprimentando-o e deixando-o logo à vontade.

Depois, Francisco sinaliza para que o convidado se acomode na poltrona. Uma breve troca de piadas, um momento de oração e uma conversa sobre vários temas, da guerra ao esporte e ao diálogo inter-religioso, até uma reflexão sobre o papel da Igreja Católica no futuro próximo e como a sociedade vai mudar nos próximos anos. Naquele salão, o poder e a grandeza daquela figura, do líder espiritual do mundo católico, cedem espaço à simples humanidade que o transforma em um padre que escuta o fiel.

— Sua Santidade, sabe o que escreveram? — pergunta o convidado depois de cerca de meia hora de conversa. — Que o senhor está destruindo a imagem do papado, porque anulou a distância com as pessoas...

Francisco sorri, fica em silêncio por alguns instantes, olha para cima, depois cruza o olhar com seu interlocutor.

Fiquei em silêncio por um instante, pensando no fato de que, se eu acompanhasse tudo o que era dito e escrito sobre mim, eu não teria tempo para fazer nada e precisaria me consultar com um psicólogo uma vez por semana! Porém, eu tinha lido em algum lugar aquela afirmação: "Francisco está destruindo o papado", e o que posso dizer hoje? Que a minha vocação é sacerdotal. Antes de tudo, sou um padre, sou um pastor, e os pastores devem estar em meio às pessoas, falar com elas, dialogar, escutar, apoiá-las e zelar por elas.

Hoje não é mais justo criar distâncias, Jesus não era superior ao povo, era parte do povo e caminhava em meio a ele. É verdade que a monarquia do Vaticano é a última monarquia absoluta da Europa, e muitas vezes por aqui ocorrem raciocínios e manobras de corte, mas tais esquemas devem ser definitivamente abandonados e superados. Por sorte, antes mesmo do conclave de 2013, a maior parte dos cardeais presentes nas congregações gerais pediu uma reforma. Havia um enorme desejo de mudar as coisas, abandonar certos comportamentos que, infelizmente, ainda hoje são difíceis de abolir. Sempre tem alguém tentando frear a reforma, pessoas que preferem se manter presas nos tempos de papa-rei, que sonham com um gatopardismo que não faz bem à Igreja. A propósito do conclave, alguns meios de comunicação americanos fizeram circular a notícia de que eu teria em mente mudar as regras, admitindo que religiosas e leigos também votem na eleição do novo papa. São fantasias, invenções criadas, evidentemente, para gerar mal-estar na Igreja e desorientar os fiéis.

Mas eu continuo a cultivar um sonho para o futuro: que a nossa Igreja seja leve, humilde e serva, com os atributos de Deus, e por isso também terna, próxima e compassiva. Devemos avançar com muitas novidades, com muitos projetos. Lembremos, por exemplo, do Jubileu de 2025, portador de um grande sopro de fé, e também da oportunidade de redescobrir o clima de esperança.

É preciso sempre olhar para o horizonte com confiança, em particular para aqueles países e continentes onde florescem as vocações e onde há sede do Senhor, lugares em que há sede de proximidade e escuta e busca-se na Igreja um oásis para saciar-se. A esse respeito, já se imaginou que possa haver um retorno à Igreja das origens, aquelas das primeiras comunidades cristãs, mas essa é apenas uma imagem romântica: devemos olhar para o futuro simplificando as coisas, tentando superar o clericalismo, a atitude de superioridade moral e de distanciamento em relação aos fiéis que se tornou uma doença, um flagelo! A Igreja é repleta de santos, mas em alguns casos tornou-se uma Igreja viciosa, precisamente porque o clericalismo é vicioso.

Quando imagino a Igreja que virá, lembro da teoria de Joseph Ratzinger. Ele falava de uma Igreja que seguirá em frente, mas de outra forma: uma instituição menor, mais particular. Era o ano de 1969, e, durante um ciclo de aulas de rádio, o teólogo bávaro traçou sua visão do futuro, dizendo que o que nos aguarda será uma Igreja que recomeçará a partir de uma minoria, com poucos fiéis, uma Igreja que recolocará a fé no centro da experiência; uma Igreja mais espiritual, mais pobre, que se tornará uma casa para os indigentes, para os que não perderam Deus de vista. Além disso, Ratzinger, naquele período de disputa ideológica após o encerramento do Concílio Vaticano II, falava de um momento crucial para o ser humano, um momento histórico que faria a transição da Idade Média para os tempos modernos parecer quase insignificante. E, naquele contexto, entrevia-se uma tentativa de transformar os padres em uma espécie de funcionários, de assistentes sociais, com uma relevância exclusivamente política, não espiritual. Também por esse motivo, é preciso combater a praga do clericalismo: é uma perversão que pode destruir a Igreja, porque, em vez de promover os leigos, mata-os, exercendo poder sobre eles!

Não por acaso, Dom Primo Mazzolari escreveu e advertiu sobre os sacerdotes que, em vez de apoiar e aquecer os corações dos irmãos, sufocam seus sinais vitais. Mas também ocorre o contágio do vírus do clericalismo nos leigos: isso é terrível, porque essas pessoas pedem para ser clericalizadas e permanecem à margem das decisões com o objetivo de não terem responsabilidade. É o oposto da sinodalidade, em que o povo de Deus contribui e participa ativamente no caminho da Igreja.

Nesse contexto, imagino uma Igreja-mãe, que abrace e acolha a todos, mesmo aqueles que sentem terem feito algo errado ou que no passado foram julgados por nós. Por exemplo, penso nas pessoas homossexuais ou transexuais, que buscam o Senhor e são rejeitadas ou expulsas. Muitos falaram da *Fiducia supplicans*, a declaração do Dicastério para a Doutrina da Fé sobre as bênçãos dos casais irregulares, quero apenas dizer que Deus ama a todos, especialmente aos pecadores. E, se os irmãos bispos, segundo o seu discernimento, decidem não seguir este caminho, não significa que este seja o precursor de um cisma, porque a doutrina da Igreja não é questionada. Mesmo durante o Sínodo sobre a sinodalidade, foram solicitados mais atenção e acolhimento para os membros dessa comunidade e seus familiares. Todos são filhos de Deus e devem ser acolhidos de braços abertos. Isso não quer dizer que a Igreja seja favorável ao casamento entre pessoas do mesmo sexo: nós não temos poder para mudar os sacramentos que o Senhor instituiu. O matrimônio é um dos sete sacramentos e prevê a união apenas entre homem e mulher. É intocável.

Mesmo quando eu era arcebispo de Buenos Aires, apoiei e defendi fortemente o valor do matrimônio, e hoje quero destacar, como já fiz na exortação apostólica *Amoris laetitia*, que "quanto aos projetos de equiparação ao matrimônio das uniões entre pessoas homossexuais, não existe fundamento para assimilar ou estabelecer analogias, nem sequer remotas, entre as uniões homossexuais e o desígnio de Deus sobre o matrimônio e a família"; e é inaceitável "que as Igrejas locais sofram pressões nessa matéria e que as organizações internacionais condicionem ajudas financeiras a países pobres à introdução de leis que instituam o 'matrimônio' entre pessoas do mesmo sexo".

As uniões civis são outra coisa, e a esse respeito eu já disse várias vezes ser justo que essas pessoas que vivem o dom do amor possam ter cobertura jurídica, assim como todas as outras. Jesus frequentava e muitas vezes ia ao encontro de pessoas que viviam à margem, que viviam nas periferias existenciais, e é isso o que a Igreja deveria fazer hoje com as pessoas da comunidade LGBTQIAP+, que muitas vezes são marginalizadas dentro da Igreja: fazê-las se sentirem em casa, em especial aquelas que receberam o batismo e, sob todos os efeitos, são parte do povo de Deus. E quem não recebeu o batismo e deseja recebê-lo, ou quem deseja ser padrinho ou madrinha, que seja acolhido, cumprindo um cuidadoso percurso de discernimento pessoal. É importante, porém, que não se crie escândalo e desorientação entre os fiéis, os bispos e os párocos devem ter sabedoria para considerar caso a caso. Devemos acompanhar essas irmãs e esses irmãos pelo seu caminho de fé, assim como solicitou também o Sínodo sobre a família, condenando veementemente as discriminações e os atos de violência perpetrados contra essas pessoas. De fato, com excessiva frequência, elas são vítimas de bullying e de gestos de pura crueldade; também por isso, não podem nem devem ser expulsas, sobretudo da Igreja, que, infelizmente, em muitas ocasiões, de maneira injusta, considerou-as maçãs podres.

Creio que hoje seja fundamental abandonar a rigidez do passado, distanciar-se de uma Igreja que aponta o dedo e condena. Foi isso que quis escrever em uma carta endereçada ao prefeito do Dicastério para a Doutrina da Fé no dia de sua nomeação. Essas atitudes distanciaram os fiéis: por isso, é importante salvaguardar e promover a fé estando perto do povo, deixando rendas e enfeites no guarda-roupa e, em vez disso, concentrando-nos na mensagem cristã de misericórdia e proximidade.

*Passadas algumas semanas desde aquele encontro, a vida na Casa de Santa Marta continua como todos os dias, seguindo os ritmos acelerados de uma estrutura de acolhimento que também disponibiliza um teto a um convidado especial. É uma manhã de terça-feira, o dia da semana em que, geralmente, o papa não tem compromissos públicos nem audiências privadas no Palácio Apostólico. Começou a trabalhar cedo e ligou o aparelho para escutar um CD de música: uma coletânea dos sucessos de Azucena Maizani, a cantora e compositora de tango argentina a quem o então padre Bergoglio, seu vizinho, dera a extrema-unção em 1970, em Buenos Aires.*

*O pontífice está à escrivaninha e lê alguns documentos que seu secretário lhe entregou na tarde do dia anterior. Faz anotações, marca algumas correções e anota trechos que serão integrados. O relógio marca 8 horas da manhã, e, para as 8h30, Francisco espera a visita de um amigo arcebispo com quem trabalhará em outros textos, de natureza teológica. Depois, chegarão também seu confessor e outras pessoas para quem reservou horários — anotando tudo na agenda pessoal que fica em sua escrivaninha. Ainda tem meia hora para reler aquelas páginas em que está trabalhando e dar alguns telefonemas.*

*Na escrivaninha, mantém também seu inseparável breviário, outros arquivos e alguma correspondência. Está ali a carta que chegou de San Donato Milanese, perto de Milão, enviada por Anna, que, desde que foi deixada pelo marido, cuida sozinha de Nicolas, o filho autista que sonha em falar com o papa. E a carta de um menino do Brooklyn, nos Estados Unidos, que sofre de uma grave doença e pede ao papa para rezar por ele, assim como a de um seminarista alemão, Ludwig, que lhe escreve para pedir apoio espiritual a poucas semanas da ordenação sacerdotal.*

*Francisco lê com atenção a carta do futuro jovem padre e sua mente o leva a 1969, quando, também próximo da ordenação, escreveu em uma folha de papel a profissão de fé pessoal que tantas vezes tira da gaveta para reencontrar aquele espírito e renovar a sua promessa:*

Quero crer em Deus Pai, que me ama como um filho, e em Jesus, o Senhor, que infundiu seu espírito em minha vida para me fazer sorrir e assim me levar ao reino da vida eterna. Creio em minha história, atravessada pelo olhar amoroso de Deus e que, naquele dia de primavera, 21 de setembro, levou-me a seu encontro para convidar-me a segui-lo. Creio em minha dor, infecunda para o egoísmo, na qual me refugio. Creio na mesquinhez da minha alma, que tenta engolir sem dar... sem dar. Creio que os outros sejam bons, e que devo amá-los sem receio, e sem nunca os trair para buscar segurança. Creio na vida religiosa. Creio no meu desejo de amar muito. Creio na morte cotidiana, ardente, da qual fujo, mas que me sorri, convidando-me a aceitá-la. Creio na paciência de Deus, acolhedora, boa como uma noite de verão. Creio que meu pai esteja no céu junto ao Senhor. Creio que padre Duarte também esteja lá, intercedendo pelo meu sacerdócio. Creio em Maria, minha mãe, que me ama e nunca me deixará sozinho. E aguardo a surpresa de cada dia, no qual se manifestarão o amor, a força, a traição e o pecado, que me acompanharão até o encontro definitivo com aquele rosto maravilhoso que não sei como é, do qual fujo continuamente, mas que desejo conhecer e amar. Amém.

*Depois de guardar aquela página, já amarelada pelo tempo, tira o telefone do gancho e tecla o número de Anna, a mãe de Milão que lhe escreveu: quer cumprimentar Nicolas e lhe fazer uma surpresa. Depois, também telefona à pessoa que encontrara na semana anterior e lhe perguntara como imaginava a Igreja do futuro. Recebera dele por e-mail uma dúzia de folhas para reler: é o resumo daquela última audiência que, com a permissão do papa, se tornará público como os outros.*

*— Sua Santidade, há esperança para a humanidade? — pergunta o interlocutor depois de uma breve conversa, antes do fim do telefonema.*

*E o papa responde, enquanto ao fundo a voz persuasiva da tanguera argentina preenche as pequenas pausas de silêncio.*

Aquela pergunta me fez refletir sobre a situação que vivemos em nossa época, e entendi que no mundo haverá paz ou morte, não há saída. Na Europa, estamos em guerra há mais de cem anos, desde 1914, e as fábricas continuam a produzir armas sem parar, mesmo agora que o mundo foi surpreendido por uma terceira guerra mundial "fragmentada".

Até agora não falei com profundidade dos conflitos na Ucrânia e no Oriente Médio porque, no momento em que escrevo, há muitas iniciativas em curso e as coisas estão evoluindo, mas todos os dias meu pensamento vai até esses povos torturados, pelos quais, com o coração partido diante de tantas atrocidades, implorei ao Senhor o dom da paz. Escrevi e disse bastante sobre essas guerras, e não sobraram nem mesmo as lágrimas. Vi as imagens, ouvi as histórias, encontrei testemunhas dessas tragédias. Chorei por aqueles meninos e aquelas meninas roubados de suas famílias pelas bombas, ou que ficaram órfãos pela guerra. Quanta dor, quanto sofrimento. E para quê? Tudo por interesse imperialista ou por um cinismo assassino. Isso é escandaloso!

Para o conflito na Ucrânia, coloquei-me imediatamente à disposição, e desde o início da guerra tenho repetido que estou disposto a qualquer coisa, desde que as armas sejam silenciadas. Fiz o mesmo em relação ao conflito do Oriente Médio: falei ao telefone com diversos líderes internacionais, que podem fazer a diferença com suas ações, e lembrei a todos a importância da vida humana, seja a de cristãos, a de muçulmanos ou de judeus. Sem distinções. Que culpa tem a população? Por que o povo deve pagar um preço tão alto, encontrando inclusive a morte? A Santa Sé lançou uma série de iniciativas diplomáticas e humanitárias, e esperamos que tenham os efeitos desejados. Mas é preciso que todos se comprometam para que prevaleça sempre o diálogo, para que os responsáveis entendam que as bombas não resolvem os problemas, mas criam novos. Desde o início, sentimos a proximidade da guerra na Ucrânia porque está ocorrendo na Europa, mas não podemos esquecer que o mundo inteiro está sendo flagelado por conflitos: Iêmen, Síria, República Democrática do Congo, Sudão e Sudão do Sul, Etiópia, Mianmar, para citar alguns exemplos.

Em muitos cantos do planeta, pessoas sofrem com a fome, mas, paradoxalmente, em vez de se tentar resolver o problema, continua-se a comprar novos armamentos e a desenvolver novas tecnologias para prosseguir com a guerra. Há países que investem precisamente nesse setor e baseiam sua economia no mortífero comércio armamentista. Nós no Vaticano, é claro, não o fazemos, mas, como a Santa Sé está de modo histórico envolvida em investimentos financeiros, sabemos que as ações com maior lucro estão relacionadas às fábricas de armas e aos fármacos abortivos. Isso é escandaloso!

O futuro da humanidade criada por Deus depende das nossas escolhas: os homens devem voltar a se abraçar, voltar a falar sobre a paz, a se sentar à mesa do diálogo, ou será o fim. Eu tenho esperança no ser humano, esperança que os homens e as mulheres possam aprender a partir de seus erros para melhorar a si mesmos e transmitir bons sentimentos às gerações futuras.

Esse trabalho de autocrítica também precisa ser feito na Igreja, para que possamos tomar medidas que não tragam prejuízos maiores para quem é mais fraco e vulnerável. Penso na questão dos abusos: quantas pessoas sofreram, chegando até mesmo a cometer suicídio, por culpa de algum religioso que abusou delas quando eram crianças? É preciso pensar nas vítimas, escutá-las e acompanhá-las, lembrando sempre de que elas foram traídas por quem deveria protegê-las e guiá-las ao longo do caminho indicado por Deus. Mais uma vez, quero pedir perdão pelos pecados e pelos graves crimes que a Igreja cometeu contra esses filhos e filhas e peço ao Senhor que seja misericordioso, pois o que foi feito contra esses pequenos inocentes foi realmente satânico e não tem nenhuma justificativa.

Penso nos casos descobertos nos Estados Unidos, na América do Sul, no Leste Europeu, na Irlanda ou ainda em Malta, na Espanha e na Alemanha, assim como na Itália; a Igreja deve lutar com todas as forças contra esse flagelo, e acredito que a Pontifícia Comissão para a Tutela dos Menores, estabelecida no Vaticano, assim como os escritórios criados nas várias dioceses do mundo pelas conferências episcopais, podem, de alguma forma, dar sua contribuição, fazendo a diferença para combater esses crimes, coletando denúncias, denunciando os abusadores, religiosos ou não, e também quem os acoberta. Hoje, ao contrário do que ocorria no passado, quando não havia uma lei específica, não há mais privilégios: diante dos casos de abuso, quem é considerado culpado por um tribunal deverá pagar sua pena, sem nenhuma proteção. Chega de horrores na Igreja! Digamos basta a essas atrocidades que mancham o nome de Jesus Cristo!

Antigamente, eu falava sobre o futuro da humanidade e sobre o que diz respeito à Igreja. Mas, nos últimos anos, especialmente depois do gesto histórico de Bento XVI, há quem se pergunte também qual será o futuro do papa. Até hoje, graças a Deus, não tive motivos para pensar em renúncia, porque essa é uma opção que, do meu ponto de vista, deve-se levar em consideração apenas em razão de graves problemas de saúde. Sou sincero: nunca pensei a respeito porque, como pude dizer um tempo atrás a alguns irmãos jesuítas africanos, penso que o ministério petrino seja *ad vitam* e não vejo condições para uma renúncia por esse motivo. As coisas mudariam se houvesse um grave impedimento físico, e, nesse caso, eu já assinei no início do meu pontificado, como também o fizeram outros pontífices, a carta com a renúncia que foi depositada na Secretaria de Estado. Se isso acontecesse, eu não seria chamado papa emérito, mas simplesmente *bispo emérito de Roma*, e me transferiria para Santa Maria Maggiore, a fim de voltar a ser confessor e levar a comunhão aos enfermos.

No entanto, repito, essa é uma hipótese distante, porque, de fato, não tenho motivos tão sérios que me façam pensar em uma renúncia. Ao longo dos anos, alguém pode ter esperado que, cedo ou tarde, talvez depois de uma hospitalização, eu fizesse um anúncio do gênero, mas não existe esse risco: graças ao Senhor, tenho boa saúde e, como já disse, se for da vontade de Deus, ainda tenho muitos projetos a realizar.

Enfim chegamos à despedida, ao fim deste livro, uma viagem pela história intitulada *Vida*. A nossa vida: a minha, a de quem lê, a da humanidade. A vida que Deus nos deu e que nós construímos com pequenos passos, fazendo escolhas, alcançando metas e cometendo erros, muitas vezes graves, que nos trazem dor e sofrimento. Mas, nesse contexto, não deve ser esquecida a lição mais importante: reler a história da nossa vida é crucial para gerar memória e transmitir algo a quem nos escuta.

Para aprender a viver, contudo, todos nós devemos aprender a amar. Não nos esqueçamos! É o ensinamento mais importante que podemos receber: amar, porque o amor sempre vence. Amando, podemos superar barreiras, resolver conflitos, podemos derrotar a indiferença e o ódio, podemos libertar e transformar nosso coração, comprometendo-nos com os outros. Assim como fez Jesus, que se sacrificou na cruz por nós, pecadores, sem pedir nada em troca. Um amor altruísta que pode mudar o mundo, que pode mudar o curso da História. Quanta coisa teria sido diferente nesses 80 anos de história se o amor e a oração, em vez da sede de poder, tivessem movido o homem! E, por falar em oração, lembre-se de que o mundo precisa cada vez mais dela: vamos rezar mais! Mas, por favor, não se esqueça de rezar por mim. A favor, não contra!

# SOBRE OS AUTORES

JORGE MARIO BERGOGLIO nasceu em Buenos Aires, Argentina, em 17 de dezembro de 1936, filho de imigrantes italianos. Foi ordenado sacerdote na Companhia de Jesus em 1969. Nomeado bispo auxiliar em 1992, tornou-se arcebispo de Buenos Aires em 1998 e cardeal em 2001. Em março de 2013, foi eleito papa — o 266º pontífice da Igreja Católica —, com o nome de Francisco.

FABIO MARCHESE RAGONA é correspondente do grupo de televisão Mediaset no Vaticano; faz a cobertura sobre o papa nos programas de notícias *Tg5*, *Tg4* e *Studio Aperto*, e no Tgcom24, canal interno de notícias para o qual apresenta e edita a coluna *Stanze Vaticane* todos os domingos. Em janeiro de 2021, conduziu uma entrevista mundial exclusiva com o Papa Francisco, transmitida no *Speciale Tg5* e assistida por 5,5 milhões de telespectadores.

# REFERÊNCIA DAS CITAÇÕES

INTRODUÇÃO
Papa Francisco, *Messaggio per la esima Giornata Mondiale delle Comunicazioni Sociali*, 24 de janeiro de 2020; Copyright © Dicastero per la Comunicazione – Libreria Editrice Vaticana.

Papa Francisco, *Udienza Generale*, 19 de outubro de 2020; Copyright © Dicastero per la Comunicazione – Libreria Editrice Vaticana.

CAPÍTULO I
Papa Francisco, *Discorso in occasione della visita al memoriale di Yad Vashem, Gerusalemme*, 26 de maio de 2014; Copyright © Dicastero per la Comunicazione – Libreria Editrice Vaticana.

CAPÍTULO III
Pio XII, *Radiomessaggio rivolto ai governanti ed ai popoli nell'imminente pericolo della guerra*, 24 de agosto de 1939; Copyright © Dicastero per la Comunicazione – Libreria Editrice Vaticana.

CAPÍTULO IV
João XXIII, Lettera Enciclica *Pacem in Terris*, n. 60, 11 de abril de 1963; Copyright © Dicastero per la Comunicazione – Libreria Editrice Vaticana.

CAPÍTULO V
Paulo VI, *Messaggio ai cosmonauti Neil Armstrong, Edwin Aldrin e Michael Collins in occasione dell'impresa lunare*, 21 de julho de 1969; Copyright © Dicastero per la Comunicazione – Libreria Editrice Vaticana.

CAPÍTULO VIII
*Lettera di Giovanni Paolo II alla Conferenza Episcopale di Berlino del 13 novembre 1989;* © Copyright 1989 – Libreria Editrice Vaticana; Copyright © Dicastero per la Comunicazione – Libreria Editrice Vaticana.

CAPÍTULO X
João Paulo II, *Udienza Generale, Mercoledì 12 settembre 2001 – Preghiera dei fedeli*; Copyright © Dicastero per la Comunicazione – Libreria Editrice Vaticana.

Papa Francisco – Jorge Mario Bergoglio, *In lui solo la speranza*, tradução de Antonio Tombolini em colaboração com Giampaolo Cottini; Copyright © 2013 Editoriale Jaca Book SpA, Milano; Libreria Editrice Vaticana, Città del Vaticano (para a edição italiana), Milano 2013, p. 35.

Papa Francisco, *Documento sulla Fratellanza Umana per la pace mondiale e la convivenza comune*, 4 de fevereiro de 2019; Copyright © Dicastero per la Comunicazione – Libreria Editrice Vaticana.

CAPÍTULO XI
Papa Francisco, *Lettera Enciclica Fratelli Tutti*, nn. 122 e 168, 3 de outubro de 2020; Copyright © Dicastero per la Comunicazione – Libreria Editrice Vaticana.

Papa Francisco, *Videomessaggio ai partecipanti all'incontro "The Economy of Francesco – I giovani, un patto, il futuro"*, 21 de novembro de 2020; Copyright © Dicastero per la Comunicazione – Libreria Editrice Vaticana.

Bento XVI, *Discorso per la Sessione inaugurale dei lavori della V Conferenza Generale dell'Episcopato Latinoamericano e dei Caraibi*, 13 de maio de 2007; © Copyright 2007 – Libreria Editrice Vaticana; Copyright © Dicastero per la Comunicazione – Libreria Editrice Vaticana.

CAPÍTULO XII
Bento XVI, *Saluto Di Congedo Del Santo Padre Benedetto XVI, agli Em.mi Signori Cardinali presenti in Roma*, 28 de fevereiro de 2013; Copyright © Dicastero per la Comunicazione – Libreria Editrice Vaticana.

CAPÍTULO XIII
Papa Francisco, *Momento straordinario di preghiera in tempo di epidemia*, 27 de março de 2020; Copyright © Dicastero per la Comunicazione – Libreria Editrice Vaticana.

CAPÍTULO XIV
Papa Francisco, *Esortazione Apostolica postsinodale Amoris Laetitia*, n. 251, 19 de março de 2016; Copyright © Dicastero per la Comunicazione – Libreria Editrice Vaticana.

Este livro foi impresso pela Braspor, em 2024,

para a HarperCollins Brasil.

O papel do miolo é pólen natural 70g/m²,

e o da capa é cartão 250 g/m².